JN023496

目 次 Contents

目次

3

本書の使い方

　本書は、マレーシア語の苦手な人も言葉の壁に突き当たることなく海外旅行を楽しめるよう、旅行中に使える数多くのフレーズを集めました。『基本表現』では、基本的な挨拶や言い回し、旅行者が頻繁に使う表現、とっさのひと言などを、『場面別会話』では、出発から帰国まで、旅の中で発生するさまざまなフレーズを場面別にまとめました。旅の行程に沿って並べてありますので、簡単に検索できます。そして巻末の『辞書・リファランス』では、便利な日馬／馬日辞書をまとめてあります。

8つの"ここが使える"

本書の使い方

① 単語を入れ替えて使える

日本語とマレーシア語の両方にある下線部の単語は、入れ替えが可能です。入れ替える単語は、その後ろの（　）に入れて示してあるほか、ワードバンク、または巻末の日馬辞書などを参考にして下さい。

もっと小さい（大きい）ものはないですか Do you have a smaller (bigger) one?	Ada yang lebih kecil (besar)? アダ　ヤン　ルビ　 クチル（ブサル）

② 重要フレーズが見つけやすい

その場面でいちばん必要なフレーズは、最重要フレーズとして☆マークを付けています。

☆ 私はアレルギー体質です I have some allergies.	Saya ada alergi. サヤ　アダ　アレルギ

③ 会話形式で覚えやすい

色文字で示されているフレーズは、相手方の言葉です。対話形式でフレーズを覚えていくのに便利です。

パスポートを見せて下さい May I see your passport, please?	Boleh saya lihat pasport, encik / ボレ　サヤ　リハッ　パスポルト　ウンチッ／ cik? チッ

④ 英語とマレーシア語の2つを表示

日本語に対して、マレーシア語訳と同じ意味をもつ英語訳フレーズを付けました。英語が通じるホテルやレストランなどでは、こちらも活用できます。また、『基本表現』の章では、日本にいるマレーシア人にも対応できるよう、日本語にフリガナをふっています。

ありがとうございます Arigato gozaimasu. Thank you very much.	Terima kasih banyak. トゥリマ　カシィ　バニャッ

⑤ 場面状況を想定できる

〔予約なしで〕〔地図を見せながら〕など、〔　〕付きの部分はその場面状況を示しています。フレーズを使うときの参考にして下さい。

〔メニューを指して〕これを下さい I'd like this.	Saya nak yang ini. サヤ　ナッ　ヤン　イニ

⑥ 緊急事態に使えるフレーズ

とっさのときに必要なフレーズには！マークを付けています。イザというとき、このマークを探せば必要なフレーズがすぐに検索できます。

！ 警察に電話して！ Call the police!	Telefon polis! テレフォン　ポリス

⑦ 言い換え単語がすぐに探せる

同義語、反意語は斜線／で区切って示しました。マレーシア語では相手が男性か女性かによって人称代名詞が異なるため、encik(男性)/cik(女性)と記述しています。

頭（胃／歯）が痛いです I have a headache (stomachache/ toothache).	Saya sakit kepala (sakit perut / サヤ　サキッ　クパラ（サキッ　プルッ／ sakit gigi). サキッ　ギギ）

絵はがきを売っていますか Do you sell postcards?	Encik / Cik jual　postkad? ウンチッ／チッ　ジュアル　ポスカッ

⑧ 豊富なワードバンク

その場面で想定される単語をまとめました。一般的に使われる語が複数ある場合は斜線／を使って2つ以上の単語を紹介しています。

ワードバンク		
受付	reception／meja sambut tetamu レセプション／メジャ　サンブッ　トゥタム	支配人	pengurus プングルス

4

イラスト基本会話とイラスト早わかり

　本書では巻頭にマレーシア語の会話や単語をイラスト入りでわかりやすく紹介しています。基本会話は使用頻度の高いものや、とっさのときに役立つ会話を集めています。早わかりは旅先で役立つ情報を集めた「絵解きガイド」です。

● イラスト基本会話
挨拶から始める「最初のひと言」、端的に意志を伝える「自分の気持ち」、いざというときに役立つ「緊急会話」を紹介しています。

● イラスト早わかり
旅先で使ったり目にする言葉・単語を現地で見たままを、ずばりイラストにして紹介しています。指を差して確認をしたり、旅先の情報や知識を得る際にも役立つように組み立てています。

発音とフリガナについて

　マレーシア語はアルファベット26文字を使用しています。日本語と同様、母音の多い言葉でもあり、日本式のローマ字読みの発音でも比較的通じやすいと言えます。本書ではなるべく原語の発音に近いカタカナのフリガナを付けていますが、カタカナでは表記しづらい音もあるため、下記の注意点を念頭に発音してみてください。

①母音
マレーシア語の母音字は日本語同様a、i、u、e、oの5つです。このうち、eには2つの音があります。日本語のエにあたる音と、ロの口をしながら弱くウと発音する音です。エと読む方が例外で、基本は弱いウと発音すると考えてください。一方、uはeのウよりも強い音で、唇をつきだすように発音します。このほかに、ai、au、oiの3つの二重母音があります。

例：mereka[ムレカ]（彼ら）　　　　　2つのeは発音が異なります
　　sesuai[ススアイ]（適した）　　　2つのスは実際には発音が異なります

②子音
基本的にはローマ字読みが可能ですが、いくつか注意点があります。
＊cはチャ行で発音します。
　　　例：cuaca[チュアチャ]（天気）
＊lとrは本書ではいずれもラ行で表記していますが、英語と同様の区別があります。lは舌先を前歯の裏につけて発音し、rは舌先を浮かせて発音します。
　　　例：perlu[ブルル]（必要）　　　　　2つのルは実際には発音が異なります
＊2文字で1つの音をあらわす子音としてny、ng、sy、gh、khがあります。
このうち、ngは鼻に抜けるガ行の音です。nとgを分けず、1つの音として発音します。本書ではンガ行で表記してあります。
＊kh、ghは喉の奥から空気を出すように発音します。本書ではそれぞれカ行、ガ行で表記していますが、特にkhはカ行音よりも弱い音になります。
　　　例：tangan[タンガン]（手）　　　　　Khamis[カミス]（木曜）
＊音節の最後の（後に母音を伴わない）子音は弱い音になります。
特に、音節末にk、p、tが来た場合には口の形を作るだけで明確には発音しません。このため、本書ではk、tの場合「ッ」と表記し（語中音節末のkは「ク」）、pの場合には「プ」と表記しています。音節末のnの場合には口の形を作って少し空気を出します。本書ではこれは表記していません。また、音節末のng（鼻に抜ける音、日本語の「ん」に近い）とn（舌先を前歯の裏につけて鼻に抜けないようにする）はそれぞれ「ン」、「ン」で表記しています。
　　　例：tidak[ティダッ]（～でない）　　　cakap[チャカプ]（話す）
　　　　　boleh[ボレ]（できる）　　　　　　Inggeris[イングリス]（イギリス）

買物に便利な場所がいいです
I'd like a place convenient for shopping.

Tempat yang senang untuk pergi
トゥンパッ　ヤン　スナン　　ウントゥッ　ブルギ
membeli-belah.
ムンブリブラ

熱帯マレーシアの自然の魅力

年間の平均気温が 26 〜 27℃、熱帯雨林気候に属しているマレーシアは、動物や植物、昆虫の宝庫。なかでも東マレーシアとよばれるボルネオ島北西部には、約 200 種のほ乳類、600 種以上の鳥類、数百万種の昆虫、1500 種を超える植物が生息し、その保護を含めて世界に注目されている。

熱帯雨林の動物

ボルネオ島のほ乳類の代表であるオランウータンは、保護区内でその生態を観察できる。ほかに、ニシメガネザルやテングザルなどのサルの仲間、水牛、マメジカなどのほ乳類が生息し、ニシキヘビ、オオトカゲ、カメレオン、500 種を超えるカエルなども見られる。

1オランウータン Orang-utan　マレーシア語で「森の (hutan) 人 (orang)」を意味する。ボルネオ島とスマトラ島にだけ生息する　**2ニシメガネザル** Tarsius bancanus　マレーシア語で「おばけ猿」とよばれる夜行性のサル。身体はサル、目はフクロウ、尾はネズミに似ていて、「寄せ集め」とも　**3テングザル** Nasalis larvatus　マレーシア語で「モニェッ・ブランダ」とよばれるボルネオ島固有種のサル。オスの鼻は大きくて長く、天狗の鼻に擬せられる　**4ニシキヘビ** Python reticulatus　体長 6 〜 10 mにもなる世界最大のヘビ。東南アジアの熱帯雨林に広く分布する

熱帯雨林の植物＆昆虫

熱帯雨林にはさまざまな植物や昆虫が生息している。高木に覆われて日差しの届く量が少ない地表近くにも、低木や蔓植物などが見られ、熱帯雨林特有の動物や昆虫の格好の活動場所となっている。

5 ウツボカズラ Nepenthes Rafflesiana　ロウトのような袋に虫を落とし込む独特な形状と色彩をもつ　**6 コーカサスオオカブト** Chalcosoma Caucasus　マレーシアの亜高山〜高山帯で見られ、3本の角をもつオスの体長は60〜130mmにもなる　**7 マレージャイアントスコーピオン** Heterometrus spinifer　熱帯雨林の倒木や石の下に生息。毒性は比較的弱い　**8 マ**レーシアの熱帯雨林を代表する植物がこの**ラフレシア** Rafflesia。全寄生植物で、直径90cmにもなり、世界最大の花としても知られる　**9** マレーシアでは約850種の蝶が見られるという。なかでも写真の**トラフタテハ** Parthenos sylvia は数多く見られる蝶の一種

世界遺産　キナバル公園

10 標高4095m、東南アジア最高峰であり、熱帯雨林のジャングルから高山帯まで、さまざまな植生を見ることができる。登山道は整備されていて、途中の山小屋を利用し、1泊2日または2泊3日で登る　**11** キナバル公園内には巨大なウツボカズラやマデニラなどの珍しい植物が見られる山岳植物園があり、遊歩道で自然探勝ハイクを楽しんだり、高さ4mの頭上からジャングルの生態を観察するキャノピー・ウォークが体験できる

7

マレーシアの過去・伝統・現在

マレー半島の南側に位置するマラッカ海峡は、古代から中国とインド、ペルシア
を結ぶ交易路・海のシルクロードであった。その拠点となったのがマラッカであ
り、15世紀の大航海時代以降、第二次世界大戦まで、マレー半島の中心として
栄えてきた。そして現在、ハイテク工業立国を目指すマレーシアは、その驚異
的な発展で世界の注目を集める国の一つとなっている。

過去 世界遺産・マラッカ&ジョージタウン

東西の貿易・文化交流都市として、異国情緒あふれる街
並みが残る「マラッカとジョージタウン、マラッカ海峡
の古都群」。2008年、古い街並みが世界文化遺産に登
録された。1 マラッカ・オランダ広場 2 ペナン市庁舎
3 カラフルなプラナカン様式の建物

伝統 — 3大民族の伝統が息づく国

マレーシアは多民族で構成された複合国家であり、マレー系66%、中国系26%、インド系8%の人々が3大民族として、独自の文化や生活様式を連綿と伝えている。 **4** インド系のヒンドゥー寺院 **5** 中国系の人々の篤い信仰を集める道教寺院 **6** 最大多数のマレー系の人々が信仰するイスラム寺院

現在 — 近未来都市クアラルンプール&リゾートアイランド

21世紀、首都クアラルンプールは目覚ましい発展を遂げ、各所のリゾートでは欧米や日本などから多くの観光客を迎えている。 **7** ペナン島のリゾートホテル **8** ランカウイ島で **9** KLタワー **10** 東南アジア随一の高さを誇るペトロナス・ツイン・タワー

マレーシアの4大料理を食す

多民族国家であるマレーシアでは、料理もそれぞれの民族特有のものがある。なかでもマレー料理、中国料理、インド料理、そしてマレー料理と中国料理がミックスされたニョニャ料理が4大料理で、屋台から大衆食堂、高級レストランまで、さまざまな場所でマレーシアの味を楽しむことができる。

マレー料理
Masakan Melayu マサカン ムラユ

タイやインドネシアの影響を受けた料理が多く、スパイスを多用する一方で、ココナッツミルクのまろやかさが加わり食べやすい。イスラム教の戒律にしたがって豚肉は使わない。

ナシ・ゴレン
nasi goreng
ナスィ ゴレン

マレーシア風焼飯。写真は目玉焼きやサテー添え

ナシ・アヤム
nasi ayam
ナスィ アヤム

ご飯にフライドチキンを添えたセット

ナシ・レマ
nasi lemak
ナスィ ルマッ

ココナッツミルクご飯。鶏肉などが添えられる

ロジャック
rojak
ロジャッ

「混ぜる」の意味の野菜とフルーツのサラダ

オポール・ルスク
opor rusuk
オポール ルスク

牛アバラ肉にココナッツミルクソースがたっぷり

ラクサ
laksa
ラクサ

ココナッツミルク入りのピリ辛スープ麺

中国料理
Masakan Cina マサカン チナ

中国から渡来してきた祖先の料理を引き継いだものが多く、広東料理を筆頭に、四川、福建、海南、客家、潮州など多彩な料理が楽しめる。特に人気が高いのはチキンライスやスチームボート、各種麺や粥など。

スチームボート
steamboat
スティームボート

客家料理の人気メニューで、火鍋のこと

エビラーメン
mi udang
ミ ウダン

魚介からダシをとったシンプルな塩味の麺料理

バクテー
bak kut teh
バッ クッテ

骨付きの豚肉を長く煮込んだ人気の一品

海南鶏飯
nasi ayam Hainan
ナスィ アヤム ハイナン

人気の高いご飯の鶏スープ煮込み料理

ニョニャ料理
Masakan Nyonya マサカン ニョニャ

中国系男性（ババ）とマレー系女性（ニョニャ）から生まれた子孫をババニョニャとよび、両者の伝統をミックスした料理がババニョニャ料理（ニョニャ料理）とよばれる。

鶏肉の煮込み
ayam pongteh
アヤム ポンテ

骨付き鶏肉と野菜を煮込んだスタミナ料理

パイ・ティー
pie tee
パイ ティー

小麦粉生地のカップに野菜やエビを詰めた前菜

ビーフ・レンダン
daging rendang
ダギン レンダン

レモングラスとココナッツミルク風味の牛の煮込み

カリー・カピタン
kari kapitan
カリ カピタン

エシャロットとタマネギの入ったチキンカレー

インド料理
Masakan India マサカン インディア

各地のインド人街では、バナナの皮の上に料理をのせたバナナリーフライスがメインの大衆食堂や、北インド料理がメインの高級レストランなどの店がある。

ビリヤニ
beriani
ブリアニ

各種スパイスが入ったインド風炊き込みご飯

魚の頭入りカレー
kari kepala ikan
カリ クパラ イカン

魚の頭を煮込んだココナッツミルク味のカレー

屋台料理
Masakan gerai マサカン グライ

どんな小さな街でもたいてい1ヶ所はあるのが屋台街。マレー系、中国系、インド系と各民族ごとに分かれていて、夜遅くまで、さまざまな国の味を楽しむことができる。

サテー
sate
サテ

牛、羊、豚肉にスパイスで下味をつけた串焼き

おでん
yong tau fu
ヨン タウ フー

豆腐の厚揚げや魚のすり身などにタレをかけ食す

ミー・ゴレン
mi goreng
ミ ゴレン

マレーシア風焼きそば。店によってさまざまな味

ワンタン麺
mi wantan
ミ ワンタン

醤油ベースのあっさりしたスープに細い中華麺

チャー・クイッテオ
char kuey teow
チャー クイ テオ

オイスターソース入りの米麺炒め

お粥
bubur nasi
ブブル ナスィ

あっさり味で朝食にも◎。好みで醤油を足して

11

コミュニケーションの第一歩は「挨拶」から。まずは「おはよう」「こんにちは」「こんばんは」と言ってみましょう。そのあとから、道を尋ねたり、何かをお願いしたり、質問に答えたりという基本の会話が始まってきます。

> おはよう／こんにちは(お昼〜14時)
> こんにちは(14時〜夕方)／こんばんは
> **Selamat pagi./Selamat tengah hari./**
> **Selamat petang./Selamat malam.**
> スラマッ パギ／スラマット トゥンガ ハリ／
> スラマッ プタン／スラマッ マラム

> ごきげんいかがですか?
> **Apa khabar?**
> アパ カバル

> まあまあです
> **Baik-baik saja.**
> バイッバイッ サジャ

> 元気です。ありがとう
> **Khabar baik. Terima kasih.**
> カバル バイッ トゥリマ カスィ

> あなたはいかがですか?
> **Encik/Cik apa khabar?**
> ウンチッ／チッ アパ カバル

> はじめまして
> **Selamat berkenalan.**
> スラマッ ブルクナラン

> こちらこそはじめまして
> **Selamat berkenalan.**
> スラマッ ブルクナラン

すみません。写真を撮ってもいいですか？
Maaf encik/cik, boleh saya ambil gambar?
マアフ ウンチッ/チッ ポレ サヤ アンビル ガンバル

写真を撮ってもらえますか？
Boleh tolong ambilkan gambar?
ポレ トロン アンビルカン ガンバル

ありがとう
Terima kasih.
トゥリマ カスィ

はい、いいですよ。
Boleh, silakan.
ポレ スィラカン

ここはだめです。
Kat sini tak boleh.
カッ スィニ タッ ポレ

どういたしまして
Sama-sama.
サマサマ

プトラ・モスクへはどう行ったらいいですか？
Macam mana nak ke
マチャム マナ ナッ
Masjid Putra?
マスジッ プトラ

ここを真っ直ぐ行って右です
Jalan terus dan belok
ジャラン トゥルス ダン ブロッ
kanan.
カナン

何かご用ですか？
Boleh saya tolong encik/cik?
ポレ サヤ トロン ウンチッ/チッ

家族へのみやげを探しています
Saya nak cari cenderamata
サヤ ナッ チャリ チュンドゥラマタ
untuk keluarga saya.
ウントゥック クルアルガ サヤ

さようなら
Selamat jalan.
スラマッ ジャラン

またお会いしましょう
Jumpa lagi.
ジュンパ ラギ

使ってみよう！最初のひと言

13

伝えよう! ― 自分の気持ち ―

買物をしたり、レストランで食事をするとき、知り合いと会話をするときなど、自分の気持ちをしっかりと明確に伝えることが必要な場面が何回も出てきます。肯定や賛成、否定や拒否、驚き、感心、好き、嫌いなど、自分の今の気持ちを明確に表現する基本的な言葉を覚えておくことは、とっさのときに役立つことはもちろん、あとでトラブルになることを防ぐためにも大切です。

伝えよう!自分の気持ち

14

反対
Saya tak setuju.
サヤ タッ ストゥジュ

いいね～
Bagus tu.
バグス トゥ

あら、まあ
Alamak.
アラマッ

かっこいい
Segaknya.
スガッニャ

がんばれ
Awak boleh!
アワッ ボレ

おめでとう
Tahniah!
タニア

ありがとう
Terima kasih.
トゥリマ カスィ

とってもうれしい
Saya gembira.
サヤ グンビラ

ちょっと待って
Tunggu sekejap.
トゥング スクジャプ

お願いします
Tolong ya.
トロン ヤ

OK
OK.
オーケー

本当にごめんなさい
Maafkan saya.
マアフカン サヤ

伝えよう！自分の気持ち

15

イラスト基本会話 困ったときの緊急会話

旅先では、どんなに注意していてもアクシデントに見舞われることがあります。助けを呼ぶときや、不都合な点、お願いしたいことなど、簡単な言葉が話せると、相手に何が緊急なのかすぐにわかってもらえて、救助の時間を短縮することができ、的確な助けを得ることも可能です。

泥棒! **Pencuri!** プンチュリ 	火事だ! **Api!** アピ	助けて! **Tolong!** トロン

財布を盗まれました **Dompet saya dicuri.** ドンペッ サヤ ディチュリ	バッグをなくしました **Saya hilang beg.** サヤ ヒラン ベグ	熱があります **Saya demam.** サヤ デマム

頭が痛いです **Saya sakit kepala.** サヤ サキッ クパラ	気分が悪いです **Saya tak sihat.** サヤ タッ スィハッ	事故にあいました **Saya kemalangan.** サヤ クマランガン

救急車を呼んで下さい **Tolong panggil ambulan.** トロン パンギル アンブラン	警察を呼んで下さい **Tolong panggil polis.** トロン パンギル ポリス	非常口はどこですか **Di mana pintu keluar?** ディ マナ ピントゥ クルアル

困ったときの緊急会話

16

やめて！ **Jangan!** ジャンガン	間に合ってます **Tak pe.** タッ プ	出ていけ！ **Berambus!** ブランブス

緊急です **Ini kecemasan.** イニ クチュマサン	わかりません **Saya tak faham.** サヤ タッ ファハム	トイレはありませんか？ **Ada tandas?** アダ タンダス

道に迷ってしまいました **Saya sesat.** サヤ スサッ	もう一度言って下さい **Tolong ulang sekali lagi.** トロン ウラン スカリ ラギ	急いで下さい **Tolong cepat sikit.** トロン チュパッ スィキッ
時間がありません **Saya tak cukup masa.** サヤ タッ チュクプ マサ	一緒に来て下さい **Ikut saya.** イクッ サヤ	お願いしてもいいですか？ **Boleh saya minta tolong?** ボレ サヤ ミンタ トロン
日本語を話せる人はいますか **Ada sesiapa yang berbahasa Jepun?** アダ ススィアパ ヤプ ブルバハサ ジュブン	撃たないで **Jangan tembak!** ジャンガン テンバッ	動くな **Jangan gerak!** ジャンガン グラッ

困ったときの緊急会話

17

観光する

近未来都市を彷彿させるクアラルンプールの高層建築群、大航海時代の面影を留める古都・マラッカ、オランウータンやラフレシアに代表される熱帯雨林のジャングル・ツアーなど、マレーシアならではの観光地巡りが楽しい。

観光案内所
pusat penerangan pelancongan
プサッ プネランガン プランチョンガン

博物館
muzium
ムズィウム

王宮
istana
イスタナ

寺院
kuil
クイル

モスク
masjid
マスジッ

タワー
menara
ムナラ

海
laut
ラウッ

島
pulau
プラウ

世界遺産
warisan dunia
ワリサン ドゥニア

現在地
tempat ini
トゥンパッ イニ

近い
dekat
ドゥカッ

遠い
jauh
ジャウ

観光する

モスクはどこですか？
Di mana masjid?
ディ マナ マスジッ

18

マレー人街
pekan Melayu
プカン ムラユ

パンフレットはありますか？
Ada risalah?
アダ リサラ

中華街
pekan Cina
プカン チナ

インド人街
pekan India
プカン インディア

植物園
taman botanikal
タマン ボタニカル

動物園
zoo
ズー

公園
taman
タマン

広場
medan
メダン

屋台街
kawasan gerai
カワサン グライ

熱帯雨林
hutan tropika
フタン トロピカ

観光する

時間・方位

5分
lima minit
リマ ミニッ

10分
sepuluh minit
スプル ミニッ

15分
ima belas minit
リマ ブラス ミニッ

北
utara
ウタラ

西
barat
バラッ

東
timur
ティムル

南
selatan
スラタン

方向

上
atas
アタス

向こう側
sebelah sana
スブラ サナ

真っ直ぐ
terus
トゥルス

左
kiri
キリ

右
kanan
カナン

突き当たり
di hujung jalan
ディ フジュン ジャラン

こちら側
sebelah sini
スブラ スィニ

下
bawah
バワ

19

先進国と肩を並べる発展を目指して急成長を続けている国だけに、首都クアラルンプールを中心に、都市交通は極めて充実している。国内の都市間移動も、航空路線網が発達し、バスや鉄道、フェリーの利用も多い。

移動する

飛行機
kapal terbang
カバル トゥルバン

長距離バス
bas jarak jauh
バス ジャラッ ジャウ

鉄道
keretapi/tren
クレタビ/トレン

船
Kapal
カバル

バス
bas
バス

タクシー
teksi
テクスィ

ERL
ERL
イーアールエル

LRT
LRT
エルアールティ

KLモノレール
KL Monorel
ケーエル モノレル

KTMコミューター
KTM Komuter
ケーティエム コムトゥル

KLホップオン・ホップオフ
KL Hop-On Hop-Off
ケーエル ホップオン ホップオフ

ラピッドKL
Rapid KL
ラピッ ケーエル

タクシーはどこで乗れますか？
Di mana boleh naik teksi?
ディ マナ ボレ ナイッ テクスィ

20

空港までいくらですか？
Berapa tambang ke lapangan terbang?
ブラパ タンバン ク ラパンガン トゥルバン

空港
apangan terbang
ラパンガン トゥルバン

駅
stesen
ステセン

港
pelabuhan
プラブハン

バスターミナル
terminal bas
トゥルミナル バス

バス停
perhentian bas
プルフンティアン バス

タクシー乗り場
perhentian teksi
プルフンティアン テクスィ

切符
tiket
ティケッ

人数

1人
seorang
スオラン

2人
dua orang
ドゥア オラン

大勢
ramai
ラマイ

移動する

荷物
beg
ベグ

徒歩
jalan kaki
ジャラン カキ

3人
tiga orang
ティガ オラン

4人
empat orang
ウンパッ オラン

ここで降ります
Saya turun di sini.
サヤ トゥルン ディ スィニ

マレー系、中国系、インド系を中心とする多民族国家のマレーシアは、それぞれの民族が伝えるバラエティ豊かな料理が発展。民族の特徴を生かしたマレーシア特有の料理も屋台料理を中心に人気を博している。

レストラン
restoran
レストラン

大衆食堂（カフェ）
kedai kopi
クダイ コピ

屋台
gerai
グライ

マレー料理
masakan Melayu
マサカン ムラユ

中国料理
masakan Cina
マサカン チナ

インド料理
masakan India
マサカン インディア

ニョニャ料理
masakan Nyonya
マサカン ニョニャ

肉料理
lauk daging
ラウッ ダギン

魚料理
lauk ikan
ラウッ イカン

野菜料理
lauk sayur
ラウッ サユル

果物
buah
ブア

サンバル（辛味調味料）
sambal
サンバル

メニューを下さい
Saya nak tengok menu.
サヤ ナッ テンゴッ メヌ

イカ
sotong
ソトン

食べる

エビ
udang
ウダン

カニ
ketam
クタム

ウェイター
pelayan lelaki
プラヤン ルラキ

椅子
kerusi
クルスィ

カップ
cawan
チャワン

ナイフ
pisau
ピサウ

皿
pinggan
ピンガン

スプーン
sudu
スドゥ

フォーク
garpu
ガルプ

箸
penyepit
プニュピッ

揚げる
goreng
ゴレン

炒める
tumis
トゥミス

焼く
bakar
バカル

茹でる
rebus
ルブス

蒸す
kukus
ククス

ジュース
jus
ジュス

コーヒー
kopi
コピ

ミネラルウォーター
air mineral
アイル ミネラル

スポーツドリンク
minuman isotonik
ミヌマン イソトニッ

ビール
bir
ビル

味覚と香辛料

熱い
panas
パナス

冷たい
sejuk
スジュッ

しょっぱい
masin
マスィン

辛い
pedas
プダス

甘い
manis
マニス

塩
garam
ガラム

砂糖
gula
グラ

コショウ
lada hitam
ラダ ヒタム

お勘定をお願いします
Saya nak bil.
サヤ ナッ ビル

23

大都市では、安価なゲストハウスから世界的な高級ホテルチェーンまで、数多くの宿泊施設がある。島しょ部や東マレーシアの人気リゾートでは、滞在型の高級リゾートホテルや水上コテージなど、南国ムード満点の宿泊施設も揃っている。

ホテル
hotel
ホテル

コンドミニアム
kondominium
コンドミニウム

バンガロー
banglo
バングロ

コテージ
kotej
コテジュ

ゲストハウス
rumah tamu
ルマ タム

受付
reception
レセプション

コンシェルジュ
concierge
コンシエルジュ

会計
cashier
キャッシャー

泊まる

チェックインをお願いします
Saya nak daftar masuk.
サヤ ナッ ダフタル マスッ

両替
pertukaran wang
プルトゥカラン ワン

地図はありますか?
Ada peta?
アダ プタ

パスポート
pasport
パスポルト

インターネットはできますか？
Boleh saya guna Internet?
ボレ サヤ グナ イントゥルネッ

明細書
penyata bil
プニャタ ビル

テレビ
televisyen
テレヴィシェン

バスタブ
bathtub
バスタブ

エアコン
penghawa dingin
プンハワ ディンギン

ツイン
bilik kembar
ビリッ クンバル

シングル
bilik bujang
ビリッ ブジャン

電話
telefon
テレフォン

インターネット
internet
イントゥルネッ

ルームサービス
room service
ルーム サービス

貴重品
barang berharga
バラン ブルハルガ

タオル
tuala
トゥアラ

モーニングコール
wake-up call
ウェークアップ コール

泊まる

部屋に鍵を忘れました
Saya terlupa kunci bilik.
サヤ トゥルルパ クンチ ビリッ

マレーシアのみやげといえば、ろうけつ染めのバティックや刺繍が施された織物のソンケット、それにスズ製品のピューターが定番。大都市や観光地に専門のみやげ店があり、手頃な値段のものから高級品まで、品揃えは豊富だ。

デパート
kedai serbaneka
クダイ スルバネカ

ショッピングセンター
pusat membeli-belah
プサッ ムンブリブラ

免税店
kedai bebas cukai
クダイ ベバス チュカイ

ショッピング・アーケード
arked membeli-belah
アルケッ ムンブリブラ

専門店
specialty shop
スペシャリティ ショップ

スーパーマーケット
pasar raya
パサル ラヤ

コンビニエンスストア
kedai mudah beli
クダイ ムダ ブリ

露店
gerai
グライ

いくらですか？
Berapa harganya?
ブラパ ハルガニャ

市場
pasar
パサル

夜市
pasar malam
パサル マラム

安くして下さい
Murahkan sikit.
ムラカン スィキッ

店内で

高い
mahal
マハル

安い
murah
ムラ

大きい
besar
ブサル

小さい
kecil
クチル

雑貨店
kedai perhiasan
クダイ プルヒアサン

バティックを買いたいのですが
Saya nak beli batik.
サヤ ナッ ブリ バティッ

書店
kedai buku
クダイ ブク

CD店
kedai muzik
クダイ ムズィッ

バティック
batik
バティッ

赤
merah
メラ

ピンク
merah jambu
メラ ジャンブ

オレンジ
jingga
ジンガ

ソンケット
songket
ソンケッ

ピューター
piuter
ピウトゥル

銀工芸
kraftangan perak
クラフタンガン ペラッ

黄
kuning
クニン

緑
hijau
ヒジャウ

銅製品
barangan gangsa
バランガン ガンサ

木彫り
ukiran kayu
ウキラン カユ

紅茶
teh
テ

青
biru muda
ビル ムダ

紺
biru tua
ビル トゥア

紫
ungu
ウング

茶
perang
ペラン

黒
hitam
ヒタム

白
putih
プティ

クレジットカードは使えますか
Boleh saya pakai kad kredit?
ボレ サヤ パカイ カッ クレディッ

ショッピング

27

エンターテインメント

リゾートでは、ホテルに滞在すれば、マリンレジャーや熱帯雨林のエコツアーなど、好みに応じてさまざまなアクティビティが楽しめる。民族舞踊やセパタクローなどの観賞や観戦もマレーシアならではの楽しみだ。

エンターテインメント

エコツアー
ekopelancongan
エコプランチョンガン

ジャングル・ウォーク
treking hutan
トレキン フタン

キャノピー・ウォーク
titian kanopi
ティティアン カノピ

森林浴
mandi hutan
マンディ フタン

リバー・クルーズ
pelayaran sungai
プラヤラン スンガイ

スキューバ・ダイビング
selam skuba
スラム スクバ

シー・カヌー
kanu laut
カヌ ラウッ

キナバル登山
mendaki Gunung Kinabalu
ムンダキ グヌン キナバル

釣り
memancing
ムマンチン

ゴルフ
golf
ゴルフ

エステ
klinik estetika
クリニッ エステティカ

競馬
lumba kuda
ルンバ クダ

エコツアーに参加したいのですが
Saya nak ikut rombongan ekopelancongan.
サヤ ナッ イクッ ロンボンガン
エコプランチョンガン

28

ゴルフの予約をしたいのですが

Saya nak buat tempahan untuk golf.

サヤ ナッ ブアッ
トゥンパハン ウントゥッ ゴルフ

カジノ
kasino
カスィノ

温泉
spa
スパ

伝統楽器
alat muzik tradisional
アラッ ムズィッ トラディスィオナル

伝統舞踊
tarian tradisional
タリアン トラディスィオナル

伝統競技
sukan tradisional
スカン トラディスィオナル

コンパン
kompang
コンパン

ルバブ
rebab
ルバッ

スルナイ
serunai
スルナイ

イナン
inang
イナン

ジョケット
joget
ジョゲッ

伝統競技はどこで見られますか

Di mana boleh saya lihat sukan tradisional?

ディ マナ ボレ サヤ リハッ
スカン トラディスィオナル

切符はまだ手に入りますか?

Masih ada tiket?

マスィ アダ ティケッ

セパタクロー
sepak takraw
セパッ タクロウ

プンチャク・シラット
pencak silat
プンチャッ スィラッ

29

イラスト早わかり マレーシアの標識

街のあちこちで標識や看板、サインを目にします。これは何？と思うことがあるはず。知っていれば何かと便利。男女の過度の接触を禁じたり、特定の果物の持ち込みを禁止するものなど、珍しいサインはマレーシアならでは。

観光案内所
pusat
penerangan pelancongan
プサッ プネランガン プランチョンガン

マレー鉄道
Keretapi Tanah Melayu
クレタピ タナ ムラユ

病院
hospital
ホスピタル

救急車
ambulan
アンブラン

パトカー
kereta polis
クレタ ポリス

バス停
perhentian bas
プルフンティアン バス

横断歩道
lintasan zebra
リンタサン ゼブラ

横断禁止
dilarang melintas
ディララン ムリンタス

LICENSED
MONEY
CHANGER

両替所
tempat pertukaran wang
トゥンパッ プルトゥカラン ワン

ポスト
peti surat
プティ スラッ

POS
MALAYSIA

郵便マーク
tanda pos
タンダ ポス

JALAN BUKIT BINTANG

道路名
nama jalan
ナマ ジャラン

駅方向表示
ke stesen
ク ステセン

モスク方向表示
ke masjid
ク マスジッ

ひったくり注意
berhati-hati
dengan peragut
ブルハティハティ ドゥンガン プラグッ

不適切な行為の禁止
dilarang
berkelakuan sumbang
ディララン ブルクラクアン スンバン

祈りの部屋/男
bilik sembahyang
/lelaki
ビリッ スンバヤン/ルラキ

祈りの部屋/女
bilik sembahyang
/perempuan
ビリッ スンバヤン/プルンプアン

TOLAK 推

押す
tolak
トラッ

TARIK 拉

引く
tarik
タリッ

ドリアンの持ち込み禁止
No Durians!
ノー ドゥリアンズ

信号/進め
lampu isyarat/jalan
ランプ イシャラッ/ジャラン

信号/止まれ
lampu isyarat/berhenti
ランプ イシャラッ/ブルフンティ

トイレ/男
tandas/lelaki
タンダス/ルラキ

トイレ/女
tandas/perempuan
タンダス/プルンプアン

30

基本表現

Kon-nichiwa

こんにちは Hello.

Helo.
ヘロ

「こんにちは」のひと言からコミュニケーションは始まります。飛行機で、ホテルで、レストランで、ショップで、街なかで、どこにいてもまずは相手に挨拶の言葉を伝えましょう。**Helo.** は「こんにちは」として一日中使える便利な表現です。このほか、**Selamat**（無事な／おめでとう）に、言う時間帯によって、朝、昼、夕方、夜を表す名詞をつける表現も一般的です。午前中は英語の **Good morning.** にあたる **Selamat pagi.**、お昼から14時ごろまでは英語の **Good afternoon.** にあたる **Selamat tengah hari.**、14時ごろから日没までは **Selamat petang.**、日没以降は英語の **Good evening.** にあたる **Selamat malam.** が使われます。また相手の名前が分かっている場合は、挨拶の後に敬称をつけて名前を呼びかけます（「アリさん、おはよう」なら **Selamat pagi, Encik Ali.**）。

バリエーション会話

おはよう／こんにちは／こんばんは Ohayo./Kon-nichiwa./Kombanwa. Good morning./Good afternoon./ Good evening.	**Selamat pagi. / Selamat tengah** スラマッ　パギ　／スラマッ　トゥンガ **hari. / Selamat petang.** ハリ　／スラマッ　プタン　／ **Selamat malam.** スラマッ　マラム
おやすみなさい Oyasumi nasai. Good night.	**Selamat malam.** スラマッ　マラム
さようなら Sayonara. Good bye.	**Jumpa lagi.** ジュンパ　ラギ
ごきげんいかが Gokigen ikaga? How are you?	**Apa khabar?** アパ　カバル
とても元気です。ありがとう Totemo genki desu. Arigato. Very well. Thank you.	**Khabar baik. Terima kasih.** カバル　バイッ　トゥリマ　カスィ

Hajime mashite

はじめまして　Nice to meet you.

Selamat berkenalan.
スラマッ　　　ブルクナラン

　人と人とが初めて会ったときに交わす言葉です。**Salam perkenalan.**（サラム プルクナラン）とも言います。これらはやや形式的な表現で、通常は P32 の **Apa khabar?** を使うことが多いです。知人を紹介する場合は、**Ini Encik ~.**（男性を紹介するとき）/**Ini Cik ~.**（女性を紹介するとき）と言います。相手の年齢、性別によって **Encik** や **Cik** の部分を **Pak Cik**（パッ チッ）「おじさん」、**Mak Cik**（マッ チッ）「おばさん」、**Kakak**（カカッ）「お姉さん」、**Abang**（アバン）「お兄さん」、**Adik**（アディッ）「~くん /~ちゃん（年下）」と使い分けます。

> Ini Cik Tanaka.
> イニ　チッ タナカ

> Selamat berkenalan.
> スラマッ　　　ブルクナラン

バリエーション会話

はじめまして Hajime mashite. Nice to meet you./How do you do?	**Selamat berkenalan.** スラマッ　　ブルクナラン
こちらこそ。よろしくおねがいします Kochira koso. Yoroshiku onegai shimasu. Nice to meet you, too./How do you do?	**Selamat berkenalan.** スラマッ　　ブルクナラン
この人は~さんです Kono hito wa ~ san desu. This is Mr. (Ms.) ~.	**Ini Encik (Cik) ~.** イニ ウンチッ （チッ）
私の名前は~です Watashino namae wa ~ desu. My name is ~.	**Nama saya ~.** ナマ　　サヤ
お目にかかれてうれしいです Omeni kakarete ureshii desu. I'm glad to see you.	**Saya amat gembira bertemu encik /** サヤ　アマッ グンビラ　プルトゥム ウンチッ / **cik.** * チッ
またお会いしましょう Mata oai shimasho. See you again.	**Jumpa lagi.** ジュンパ ラギ

* 相手が男性の場合は **encik**、女性の場合は **cik** といいます（以下同様）。

Arigato
ありがとう Thank you.
Terima kasih.
トゥリマ　カスィ

「こんにちは」の挨拶とともに、旅行中最も重要なのが「ありがとう」の挨拶です。日本人はただニッコリ笑って済ませてしまうこともあるようですが、必ず口に出して「ありがとう」の気持ちを伝えましょう。丁寧に言いたいときには **Terima kasih banyak.** と言います。この **banyak** は「とても」の意味です。また、何かに感謝したい場合は、感謝する対象がものなら **Terima kasih keatas ~.** のように **keatas** の後に名詞を、動作なら **Terima kasih kerana ~.** のように **kerana** の後に動詞をつけ加えます。「ありがとう」と言われたときには、「どういたしまして」**Sama-sama.** などと、やはり口に出して返しましょう。

Terima kasih.
トゥリマ　カスィ

Sama-sama.
サマサマ

バリエーション会話

ありがとう Arigato. Thank you.	**Terima kasih.** トゥリマ　カスィ
ありがとうございます Arigato gozaimasu. Thank you very much.	**Terima kasih banyak.** トゥリマ　カスィ　バニャッ
<u>ご親切</u>、感謝します Goshinsetsu, kansha shimasu. Thank you for <u>your kindness</u>.	**Terima kasih keatas layanan anda.** トゥリマ　カスィ　クアタス　ラヤナン　アンダ
いろいろお世話になりました Iroiro osewa ni nari mashita. Thank you for your help.	**Terima kasih kerana membantu** トゥリマ　カスィ　クラナ　ムンバントゥ **saya.** サヤ
どういたしまして Doitashi mashite. You are welcome.	**Sama-sama.** サマサマ

Gomen nasai

ごめんなさい I'm sorry.

Minta maaf.
ミンタ　マアフ

　Minta maaf. は相手に迷惑をかけてしまったとき、申し訳ない気持ちを伝える表現です。**Maafkan saya.** は「本当にごめんなさい」です。ただし、事故の場合などには、自分の非を認めたと解釈されますので、不用意に言ってはいけません。謝る事由は **kerana** の後に続けて、**Maaf kerana ~.** と言います。

　人から「ごめんなさい」と言われたら、「いいんですよ」**Tak apa.**、「気にしないで下さい」**Tak mengapa.** などと返します。

Tak apa.
タッ　アパ

Maaf, saya lambat.
マアフ　サヤ　ランバッ

バリエーション会話

ごめんなさい Gomen nasai. I'm sorry.	**Minta maaf.** ミンタ　マアフ
本当にごめんなさい Hontoni gomen nasai. I'm terribly sorry.	**Maafkan saya.** マアフカン　サヤ
遅れてごめんなさい Okurete gomen nasai. I'm sorry I'm late.	**Maaf, saya lambat.** マアフ　サヤ　ランバッ
お待たせしてごめんなさい Omatase shite gomen nasai. I'm sorry to have kept you waiting.	**Maaf kerana menunggu.** マアフ　クラナ　ムヌング
いえ、いいんですよ Ie, iin desuyo. That's all right.	**Tak apa.** タッ　アパ
気にしないで下さい Kinishinai de kudasai. Never mind.	**Tak mengapa.** タッ　ムンガパ

Sumimasen

すみません　Excuse me.

Tumpang tanya.
トゥンパン　　タニャ

　人に何かをたずねようとして呼びかけるときには、「すみません」**Tumpang tanya.** と言います。P35の**Minta maaf.** も同じように使います。人の前を通ったり、道をあけてもらったりするときなどには**Maaf, tumpang lalu.** を使います。**Encik**（男性に対して）や**Cik**（女性に対して）も呼びかけるときに使うことができます。

Boleh saya bertanya?
ボレ　　サヤ　　ブルタニャ

バリエーション会話

すみません Sumimasen. Excuse me.	**Tumpang tanya.** トゥンパン　　タニャ
はい、何かご用ですか Hai, nanika goyo desuka? May I help you?	**Boleh saya tolong encik / cik?** ボレ　　サヤ　トロン　ウンチッ / チッ
お尋ねしてよろしいですか Otazune shite yoroshii desuka? May I ask you something?	**Boleh saya bertanya?** ボレ　　サヤ　ブルタニャ
ちょっとお願いしたいのですが Chotto onegai shitai no desuga. Could you do me a favor?	**Boleh bantu saya?** ボレ　　バントゥ サヤ
ごめんください、どなたかいらっしゃいますか Gomen kudasai, Donataka irasshai masuka? Hello, is anybody here?	**Helo, ada sesiapa di sini?** ヘロ　アダ ススィアパ ディ スィニ
すみません、ちょっと通して下さい Sumimasen, chotto toshite kudasai. Excuse me. May I go through?	**Maaf, tumpang lalu.** マアフ　トゥンパン　　ラル

はい・いいえ Yes./No.
Hai   Iie

Ya. / Tak.
ヤ / タッ

Ya と **Tak** をはっきりと述べることは、旅行中大変重要なことです。あいまいな返事はトラブルにもつながります。自分の意志をはっきりと表現しましょう。「分かりません」**Saya tak faham.**、「知りません」**Saya tak tahu.**、「嫌いです」**Saya tak suka.**、「いいえ、結構です」**Tak apa, terima kasih.** などの基本表現は覚えておきましょう。否定と拒絶を伝える場合は、相手の目をしっかり見て言うことも大切です。「～を知りませんか」などと否定形で質問された場合は、知っている場合は日本語とは反対に「はい、知っています」**Ya, saya tahu.**、知らない場合は「いいえ、知りません」**Tak, saya tak tahu.** と答えます。

バリエーション会話

はい、そうです Hai, so desu. Yes, it is.	**Ya.** ヤ
はい、知っています Hai, shitte imasu. Yes, I do know that.	**Ya, saya tahu.** ヤ サヤ タフ
いいえ、違います Iie, chigai masu. No, it isn't.	**Tak. / Bukan.** タッ / ブカン
いいえ、結構です Iie, kekko desu. No, thank you.	**Tak apa, terima kasih.** タッ アパ トゥリマ カスィ
分かりません Wakari masen. I don't understand.	**Saya tak faham.** サヤ タッ ファハム
いやです Iya desu. No.	**Tidak.** ティダッ
それは嫌いです Sore wa kirai desu. I don't like it.	**Saya tak suka.** サヤ タッ スカ
マレーシア語は話せません Mareshia-go wa hanase masen. I can't speak Malay.	**Saya tak pandai bahasa Melaysia.** サヤ タッ パンダイ バハサ マレイスィア
知りません Shiri masen. I don't know.	**Saya tak tahu.** サヤ タッ タフ

え？ Pardon?
E?

Apa dia?
アパ　ディア

　相手の言葉が聞き取れないときには、積極的に聞き返して、理解するように努めましょう。相手に気を遣って分かったふりをしていては、かえって誤解を生じるもととなります。話が理解できなければ、「分かりません」**Saya tak faham.** と言いましょう。

　丁寧に聞き返すには、「もう一度言って下さい」**Tolong ulang sekali lagi.** という言い方があります。

&%?＾#%@

Apa dia?
アパ　ディア

バリエーション会話

え？なんと言ったのですか E? Nanto itta no desuka? Pardon?/Excuse me?	**Apa dia? Encik / Cik cakap apa?** アパ　ディア ウンチッ / チッ　チャカプ アパ
分かりません Wakari masen. I don't understand.	**Saya tak faham.** サヤ　タッ ファハム
もう一度言って下さい Moichido itte kudasai. Please say it again.	**Tolong ulang sekali lagi.** トロン　　ウラン　スカリ　ラギ
もっとゆっくり言って下さい Motto yukkuri itte kudasai. Please speak more slowly.	**Tolong cakap perlahan sikit.** トロン　　チャカプ プルラハン　スィキッ
それはどういう意味ですか Sore wa doyu imi desuka? What does that mean?	**Apa maksudnya?** アパ　マッスドニャ
今言ったことを書いてもらえますか Ima ittakoto wo kaite morae masuka? Could you write down what you said?	**Boleh tuliskan apa yang encik /** ボレ　　トゥリスカン アパ ヤン　ウンチッ / **cik cakap tadi?** チッ チャカプ タディ
え、本当？ E, honto? Really?	**Betul ke?** ブトゥル ク

~ shinakereba narimasen
～しなければなりません I have to ~.
Saya mesti ~.
サヤ　　　ムスティ

　自分がしなくてはいけないことを相手に強く伝えたいときには、しなければならない動作を表す動詞の前に、必要性を表す **mesti ~./perlu ~.** をつけて言います。同じ文を右上がりに言えば、「～しなければなりませんか」と必要性を確かめる表現になります。その行為をする必要がない場合は、「～する必要はありません」**tak perlu**（タッ プルル）という言い回しが使われます。

> Saya mesti naik kapal
> サヤ　　ムスティ　ナイッ　カパル
> terbang hari ini.
> トゥルバン　ハリ　イニ

バリエーション会話

9時までにそこに着かなければなりません Kuji made ni soko ni tsukanakereba narimasen. I must get there by nine o'clock.	**Saya mesti sampai sana sebelum** サヤ　　ムスティ　サンパイ　　サナ　　スブルム **pukul 9.** プクル　　ヌンビラン
今日の（9時の）便に乗らなければなりません Kyo no (Kuji no) bin ni noranakereba narimasen. I must catch the flight today (that leaves at nine o'clock).	**Saya mesti naik kapal terbang hari** サヤ　　ムスティ　ナイッ　カパル　　トゥルバン　ハリ **ini (pada pukul 9).** イニ　（パダ　　プクル　　スンビラン）
明朝早くホテルを発たなければなりません Myocho hayaku hoteru wo tatanakereba narimasen. I have to leave the hotel early tomorrow morning.	**Saya mesti bertolak dari hotel awal** サヤ　　ムスティ　ブルトラッ　ダリ　ホテル　アワル **pagi esok.** パギ　エソッ
席を予約する必要がありますか Seki wo yoyaku suru hitsuyo ga arimasuka? Do I have to reserve a seat?	**Perlukah saya menempah tempat** プルルカ　　　サヤ　ムヌンパ　　　　トゥンパッ **duduk?** ドゥドゥッ
何時に来なければなりませんか Nanji ni konakereba narimasenka? By what time do I have to come?	**Pukul berapa mesti saya datang?** プクル　ブラパ　ムスティ　サヤ　ダタン

~ shitemo ii desuka?

～してもいいですか May I ~?

Boleh saya ~?
ボレ　　サヤ

　知らない土地でどのようにふるまってよいのか疑問を感じたら、誤解やトラブルを起こさないためにも、遠慮しないで「～してもいいですか」**Boleh saya ~?** と尋ねてみましょう。特に、喫煙しようとする場合には、そこが喫煙できるスペースであることを確認したうえで、「たばこを吸ってもいいですか」**Boleh saya merokok di sini?** と必ず周囲に声をかけましょう。

Silakan.
スィラカン

Boleh saya duduk sini?
ボレ　　サヤ　　ドゥドゥッ スィニ

バリエーション会話

ここに座ってもいいですか Koko ni suwattemo ii desuka? May I sit here?	**Boleh saya duduk sini?** ボレ　　サヤ　　ドゥドゥッ スィニ
どうぞ Dozo. Please./Go ahead.	Silakan. スィラカン
ここでたばこを吸ってもいいですか Koko de tabako wo suttemo ii desuka? May I smoke here?	**Boleh saya merokok di sini?** ボレ　　サヤ　　ムロコッ　　ディ スィニ
部屋を見てもいいですか Heya wo mitemo ii desuka? Can I see the room?	**Boleh saya tengok bilik?** ボレ　　サヤ　　テンゴッ　ビリッ
カードで支払ってもいいですか Kaado de shiharattemo ii desuka? Can I pay by credit card?	**Boleh saya bayar dengan kad?** ボレ　　サヤ　　バヤル　　ドゥンガン　カッ
窓を開けてもいいですか Mado wo aketemo ii desuka? May I open the window?	**Boleh saya buka tingkap?** ボレ　　サヤ　　ブカ　　ティンカプ

～はありますか Do you have ~?/Is there ~?
~ wa arimasuka?

Ada ~ ?
アダ

　店やレストランなどで、買いたいものや食べたいものが置いてあるかどうかを尋ねるときにも使える、ぜひ覚えておきたい表現です。旅行中、さまざまな場面でこの表現を口にすることでしょう。

　Ada は日本語の「ある」にあたり、英語の **have** にも **there is/are** にも使えます。**Ada adik-beradik?** と言うと「ご兄弟はいらっしゃいますか？」という意味になります。

> Ada yang lebih besar?
> アダ ヤン ルビ ブサル

バリエーション会話

ペンをお持ちですか Pen wo omochi desuka? Do you have a <u>pen</u>?	**Ada pen?** アダ ペン
日本語の新聞はありますか Nihon-go no shimbun wa arimasuka? Do you have any <u>Japanese newspapers</u>?	**Ada suratkhabar Jepun?** アダ スラッカバル ジュプン
みやげ物は置いていますか Miyage mono wa oite imasuka? Do you have any <u>souvenirs</u>?	**Ada cenderamata?** アダ チュンドゥラマタ
もっと大きいのはありますか Motto okiino wa arimasuka? Do you have a <u>larger one</u>?	**Ada yang lebih besar?** アダ ヤン ルビ ブサル
空き部屋はありますか Akibeya wa arimasuka? Are there any <u>rooms available</u>?	**Ada bilik kosong?** アダ ビリッ コソン
このあたりに公衆電話はありますか Kono atari ni koshu denwa wa arimasuka? Is there a <u>public telephone</u> around here?	**Ada telefon awam di sini?** アダ テレフォンアワム ディ スィニ

41

~ ga hoshii no desuga　　　　~ shitai no desuga

〜が欲しいのですが・〜したいのですが I want ~. /I want to ~.

Saya nak ~.
サヤ　　ナッ

　人にものを頼むときの「〜が欲しい」というストレートな表現も覚えておきましょう。欲しいのが物である場合は、**Saya nak** の後に、その「物」にあたる名詞や指示代名詞を置きます。目の前にある物の場合には、指差して「これ」**ini** や「あれ」**itu** を使うとよいでしょう。要求する対象が「物」でなく「動作」である場合は、**Saya nak** の後にその動作を示す動詞をつけて「〜したい」と言います。

バリエーション会話

水を1杯欲しいのですが Mizu wo ippai hoshii no desuga. I want a glass of water.	**Saya nak segelas air.** サヤ　ナッ　スグラス　アイル
これ（あれ）が欲しいのですが Kore (Are) ga hoshii no desuga. I want this (that) one.	**Saya nak yang ini (itu).** サヤ　ナッ　ヤン　イニ（イトゥ）
領収書が欲しいのですが Ryoshusho ga hoshii no desuga. Can I have a receipt, please?	**Saya nak resit.** サヤ　ナッ　レスィッ
毛布をいただきたいのですが Mofu wo itadakitai no desuga. May I have a blanket?	**Saya nak selimut.** サヤ　ナッ　スリムツ
何か飲みものをいただきたいのですが Nanika nomimono wo itadakitai no desuga. I'd like something to drink.	**Saya nak minuman.** サヤ　ナッ　ミヌマン
観光ツアーに参加したいのですが Kanko tsua ni sanka shitai no desuga. I want to take a sightseeing tour.	**Saya nak ikut rombongan** サヤ　ナッ　イクッ　ロンボンガン **melancong.** ムランチョン
このはがきを日本に送りたいのですが Kono hagaki wo nihon ni okuritai no desuga. I want to send this postcard to Japan.	**Saya nak hantar poskad ini ke** サヤ　ナッ　ハンタル　ポスカッ　イニ ク **Jepun.** ジュプン
〜駅に行きたいのですが ~ eki ni ikitai no desuga. I'd like to go to the ~ station.	**Saya nak pergi ke stesen ~.** サヤ　ナッ　プルギ ク　ステセン
あのバッグを見せて下さい Ano baggu wo misete kudasai. Could you show me that bag?	**Saya nak tengok beg itu.** サヤ　ナッ　テンゴッ　ベグ イトゥ

～をお願いします ~, please./Could you ~?

~ wo onegai shimasu

Berikan saya~. / Tolong ~.
プリカン　　サヤ　／トロン

　人に何かを頼むとき、最も便利なのがこの **Berikan saya ~** という表現です。～の部分に欲しい物の単語を入れるだけで、「～をお願いします」という丁寧な言い方になります。

　また、人に物を頼むときの丁寧な表現には「～していただけますか」**Tolong ~** があります。～の部分に、してほしい動作を示す動詞を入れて使います。

バリエーション会話

<u>コーヒー</u>（水）を下さい Ko-hi (Mizu) wo kudasai. <u>Coffee</u> (Water), please.	**Berikan saya kopi (air).** プリカン　サヤ　コピ　（アイル）
お勘定をお願いします Okanjo wo onegai shimasu. Check, please.	**Berikan saya bil.** プリカン　サヤ　ビル
切符を <u>2</u> 枚下さい Kippu wo nimai kudasai. <u>Two</u> tickets, please.	**Berikan saya 2　tiket.** プリカン　サヤ　ドゥア ティケッ
ここに書いて下さい Koko ni kaite kudasai. Write it down here, please.	**Tolong tulis　di　sini.** トロン　トゥリス ディ スィニ
私の写真を撮っていただけますか Watashi no shashin wo totte itadake masuka? Could you please take my picture?	**Tolong ambil gambar saya.** トロン　アンビル ガンバル　サヤ
<u>駅までの道</u>を教えていただけますか Eki made no michi wo oshiete itadake masuka? Could you please tell me <u>how to get to the station</u>?	**Tolong beritahu saya jalan ke** トロン　ブリタフ　サヤ　ジャラン ク **stesen.** ステセン
<u>塩</u>をとっていただけますか Shio wo totte itadake masuka? Could you pass me the <u>salt</u>?	**Tolong ambilkan garam.** トロン　アンビルカン　ガラム
もう少しゆっくり話していただけますか Mosukoshi yukkuri hanashite itadake masuka? Could you speak more slowly?	**Tolong cakap perlahan sikit.** トロン　チャカプ ブルラハン　スィキッ

Doko	Dare	Itsu	Nani	Naze	Dono

どこ・誰・いつ・何・なぜ・どの Where/Who/When/What/Why/Which

Di mana / Siapa / Bila / Apa / Kenapa / Yang mana
ディ マナ / スィアパ / ビラ / アパ / クナパ / ヤン マナ

旅行中、不明なことに疑問をもつ場面はしばしば起こります。疑問文を使って質問してみましょう。場所を尋ねるときは **di mana**、「誰」の場合は **siapa** を使います。ほかにも、疑問を表すには「いつ」**bila**、「何」**apa**、「なぜ」**kenapa**、「どの」**yang mana** などがあります。

Apa ini?
アパ イニ

バリエーション会話

<u>トイレ</u>はどこですか Toire wa doko desuka? Where is the <u>restroom</u>?	**Di mana tandas?** ディ マナ　タンダス
この彫刻はどこで見られますか Kono chokoku wa dokode mirare masuka? Where can I see this statue?	**Di mana boleh saya lihat <u>ukiran</u>** ディ マナ　ボレ　サヤ　リハッ　<u>ウキラン</u> **ini?** イニ
あの人は誰ですか Ano hito wa dare desuka? Who is <u>he</u> (she)?	**Siapa dia?** スィアパ ディア
誰が担当の方ですか Dare ga tanto no kata desuka? Who is the person in charge?	**Siapa yang mengurus?** スィアパ ヤン　ムングルス
いつ開きますか Itsu hiraki masuka? When does it open?	**Bila ia dibuka?** ビラ　イア ディブカ
〔店などの〕休みはいつですか Yasumi wa itsu desuka? When is it closed?	**Bila ia ditutup?** ビラ　イア ディトゥトゥプ
これはいつ建てられたものですか Kore wa itsu taterareta mono desuka? When was this build?	**Bila ini dibina?** ビラ　イニ ディビナ

これは何ですか Kore wa nan desuka? What is this?	**Apa ini?** アパ　イニ
これはどういう意味ですか Kore wa doyu imi desuka? What does this mean?	**Apa maksudnya?** アパ　マッスドニャ
あのビルは何ですか Ano biru wa nan desuka? What is that building?	**Apa bangunan itu?** アパ　バングナン　イトゥ
これは何に使うのですか Kore wa nanini tsukau no desuka? What is this for?	**Ini untuk apa?** イニ ウントゥッ アパ
なぜ列車は遅れているのですか Naze ressha wa okurete iruno desuka? Why is the train delayed?	**Kenapa keretapi lambat?** クナパ　クレタピ　ランバッ
なぜあそこに人が集まっているのですか Naze asoko ni hito ga atsumatte iruno desuka? Why are all those many people gathered around there?	**Kenapa ramai orang berkumpul** クナパ　ラマイ　オラン　ブルクンプル **di situ?** ディ スィトゥ
なぜ閉まっているのですか Naze shimatte iruno desuka? Why is it closed?	**Kenapa ia ditutup?** クナパ　イア ディトゥトゥップ
どのバスに乗ったらいいですか Dono basu ni nottara ii desuka? Which bus should I take?	**Bas mana yang patut saya naik?** バス マナ　ヤン　パトゥッ サヤ　ナイッ
どれがいいですか Dore ga ii desuka? Which do you like?	**Yang mana anda suka?** ヤン　マナ　アンダ スカ

マレーシア語は世界一簡単な言葉？

　マレーシア語は、多数の民族、複数の国家で話される言語だけに、「世界一簡単な言葉」といわれています。日本人でも、カタカナ表記されているマレーシア語をそのまま読むだけで、たいていの場合は理解してもらえるようです。といっても、それは話し言葉の場合であって、文法は細分化していて難解な一面もあります。しかし、観光地であれば、たいてい英語が通じますし、空港などの公共施設では日本語の案内表記もあり、日本人旅行者には、比較的なじみやすい国の一つです。マレーシア語で片言でも話しかけることができれば、旅先での好感度アップは間違いなし。思い切って話してみましょう。きっと旅先での楽しい思い出作りに役立つはずです。

どのように・どのくらい How ~?
Donoyoni　　　　　Donokurai

Bagaimana ~? / Berapa ~?
バガイマナ　　　　　/ ブラパ

　動作の方法を聞きたいときは **bagaimana** を使います。時間、距離、金額、数量などを尋ねるときは、**berapa** を使います。とくに旅行中、よく使われる「いくらですか」**Berapa harganya?** や、「（時間が）どのくらいかかりますか」**Berapa lama ~?** は決まり文句として覚えておくとよいでしょう。

> Berapa lama untuk ke stesen?
> ブラパ　ラマ　ウントゥック　ステセン

バリエーション会話

あかりはどうやってつけるのですか Akari wa doyatte tsukeru no desuka? How can I turn on the light?	**Bagaimana saya nak hidupkan** バガイマナ　サヤ　ナッ　ヒドゥプカン **lampu?** ランプ
<u>ホテル・イスタナ</u>へはどうやって行くのですか Hoteru Isutana e wa doyatte iku no desuka? How can I get to the <u>Hotel Istana</u>?	**Bagaimana boleh saya ke Hotel** バガイマナ　ボレ　サヤ　ク　ホテル **Istana?** イスタナ
それはいくらですか Sore wa ikura desuka? How much is it?	**Berapa harganya?** ブラパ　　ハルガニャ
<u>駅</u>までいくらですか Eki made ikura desuka? How much is it to the <u>station</u>?	**Berapa tambang ke <u>stesen</u>?** ブラパ　　タンバン　　ク　<u>ステセン</u>
<u>駅</u>までどのくらいかかりますか（時間） Eki made donokurai kakari masuka? How long does it take to the <u>station</u>?	**Berapa lama untuk　ke <u>stesen</u>?** ブラパ　ラマ　ウントゥック　<u>ステセン</u>
おいくつですか（年齢） Oikutsu desuka? How old are you?	**Berapa umur encik / cik?** ブラパ　ウムル　ウンチッ / チッ
今、何時ですか Ima, nanji desuka? What time is it now?	**Pukul berapa sekarang?** プクル　ブラパ　スカラン

Komatte imasu

困っています　I'm in trouble.

Saya ada masalah.
サヤ　　アダ　マサラ

　旅先で困ったことが起きてしまったら、とにかくそばにいる人に困っていることを伝えましょう。後で筋違いなところに文句を言っても埒が明かないものです。その場で解決の糸口を探してみましょう。あいまいな表現はトラブルのもとです。断るときははっきりと **Jangan.** のひと言を。(→ トラブル P128 ～)

Beg saya dicuri.
ベグ　サヤ　ディチュリ

バリエーション会話

助けて下さい Tasukete kudasai. Please help me.	**Tolong saya.** トロン　　サヤ
やめて下さい Yamete kudasai. Stop it.	**Jangan.** ジャンガン
警察を呼んで下さい Keisatsu wo yonde kudasai. Please call the police.	**Tolong panggil polis.** トロン　　パンギル　ポリス
バッグをとられました Baggu wo torare mashita. I've had my bag stolen.	**Beg saya dicuri.** ベグ　サヤ　ディチュリ
財布をなくしました Saifu wo nakushi mashita. I've lost my purse.	**Dompet saya hilang.** ドンペッ　サヤ　ヒラン
具合が悪いのですが Guai ga warui no desuga. I feel sick.	**Saya tak sihat.** サヤ　　タッ　スィハッ
荷物が見つからないのですが Nimotsu ga mitsukaranai no desuga. I can't find my baggage.	**Saya tak boleh jumpa beg saya.** サヤ　タッ　ボレ　ジュンパ　ベグ　サヤ

できるだけ・もっと as ~ as possible/more ~

Dekirudake *Motto*

se~ mungkin / lebih ~
ス　　ムンキン　/ ルビ

　比較表現や、話をつなぐときの接続詞なども覚えておくと、会話の幅が広がり、コミュニケーションにも役立ちます。

できるだけ早く（遅く） dekirudake hayaku (osoku) as soon (late) as possible	**seawal (lambat) mungkin** スアワル（ランバッ）　ムンキン
できるだけ速く（ゆっくり） dekirudake hayaku (yukkuri) as fast (slow) as possible	**secepat (perlahan) mungkin** スチュパッ（プルラハン）　ムンキン
できるだけ多く（少なく） dekirudake oku (sukunaku) as much (little) as possible	**sebanyak (sedikit) mungkin** スバニャッ　（スディキッ）ムンキン
できるだけ安く dekirudake yasuku as cheap as possible	**semurah mungkin** スムラ　　　ムンキン
もっと小さい（大きい） motto chiisai (okii) smaller (bigger/larger)	**lebih kecil (besar)** ルビ　クチル（ブサル）
もっと長い（短い） motto nagai (mijikai) longer (shorter)	**lebih panjang (pendek)** ルビ　パンジャン（ペンデッ）
もっと多く（少なく） motto oku (sukunaku) more (less)	**lebih banyak (sedikit)** ルビ　バニャッ（スディキッ）
もう一度（一つ） moichido (hitotsu) once (one) more	**sekali (satu) lagi** スカリ（サトゥ）ラギ

話をつなぐ言葉

たとえば	contohnya チョントニャ	ええと	hmm... フム	実は	sebenarnya スブナルニャ
ところで	oh ya オヤ	とはいえ	tapi タピ	そこで	jadi　/ oleh itu ジャディ/オレ イトゥ
また	dan ダン	もし	kalau カラウ	とにかく	yang pasti ヤン　パスティ
しかし	tapi タピ	まず	pertama sekali プルタマ スカリ	もちろん	sudah pasti スダ　パスティ

場面別会話

入国
Immigration
Imigresen

機内で In Flight　　　　　Di Dalam Kapal Terbang

　日本からの便では外国の航空会社でもほとんど日本語を話す乗務員が乗っていますが、日本以外の国からマレーシアへ向かう便では、マレーシア語か英語が必要になります。あらかじめマレーシア語でのやりとりを頭に入れておくと安心です。

　座席前のポケットに収納されている雑誌や冊子には機内設備の使い方や機内で放映される映画の紹介、機内販売の免税品や非常時の案内などが載っています。

機内で

（搭乗券を見せて）私の席はどこですか Where is my seat?	**Di mana tempat duduk saya?** ティ マナ　トゥンパッ ドゥドゥッ サヤ
すみません。ちょっと通して下さい Excuse me. May I go through?	**Minta maaf. Tumpang lalu.** ミンタ　マアフ　トゥンパン　ラル
荷物はここに置いていいですか Can I put my baggage here?	**Boleh saya letak beg di sini?** ボレ　サヤ　ルタッ ベグ ディ スィニ
これはどこに置けばよいのでしょうか Where should I put this?	**Di mana boleh saya letak ini?** ティ マナ　ボレ　サヤ　ルタッ イニ
日本語の新聞（雑誌）はありますか Do you have any Japanese newspapers (magazines)?	**Ada suratkhabar (majalah) Jepun?** アダ　スラッカバル　（マジャラ）　ジュプン
お飲み物は何がいいですか What would you like to drink?	**Encik / Cik nak minum apa?** ウンチッ / チッ ナッ ミヌム　アパ
どんな飲み物がありますか What kind of drinks do you have?	**Ada minuman apa?** アダ　ミヌマン　アパ
白ワインを下さい White wine, please.	**Berikan saya wain putih.** ブリカン　サヤ　ワイン プティ
お食事は牛肉、鶏肉、魚のどれがよろしいですか Which would you like for dinner, beef, chicken or fish?	**Untuk makan malam, encik / cik** ウントゥッ マカン　マラム　　ウンチッ / チッ **nak daging lembu, ayam atau** ナッ ダギン　ルンブ　　アヤム　アタウ **ikan?** イカン
牛肉をお願いします Beef, please.	**Berikan saya daging lembu.** ブリカン　サヤ　ダギン　ルンブ

トイレはどこですか Where is the restroom?	**Di mana tandas?** ティ マナ タンダス
（通路側の席の人に）すみません。 （トイレに行くのに）ちょっと出させていただけますか Excuse me. May I go through?	**Minta maaf. Tumpang lalu.** ミンタ マアフ トゥンパン ラル
★（後ろの席の人に）シートを倒してもいいですか May I recline my seat?	**Boleh saya sandarkan tempat** ボレ サヤ サンダルカン トゥンパッ **duduk?** ドゥドゥッ
このフライトは定刻に着きますか Will this flight get there on time?	**Adakah pesawat ini akan sampai** アダカ プサワッ イニ アカン サンパイ **tepat pada masanya?** トゥパッ パダ マサニャ

機内座席

●座席のひじ掛けには、読書灯や乗務員呼び出しボタンなどがあります。
●テーブルは、さまざまなタイプがありますが、離着陸時は元に戻します。

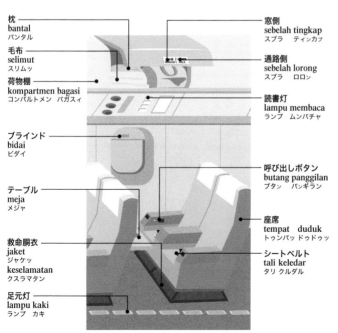

枕
bantal
バンタル

毛布
selimut
スリムッ

荷物棚
kompartmen bagasi
コンパルトメン バガスィ

ブラインド
bidai
ビダイ

テーブル
meja
メジャ

救命胴衣
jaket
ジャケッ
keselamatan
クスラマタン

足元灯
lampu kaki
ランプ カキ

窓側
sebelah tingkap
スブラ ティンカプ

通路側
sebelah lorong
スブラ ロロン

読書灯
lampu membaca
ランプ ムンバチャ

呼び出しボタン
butang panggilan
ブタン パンギラン

座席
tempat duduk
トゥンパッ ドゥドゥッ

シートベルト
tali keledar
タリ クルダル

51

入国

| 寒い（暑い）のですが
I feel cold (hot). | **Saya rasa sejuk (panas).**
サヤ　ラサ　スジュッ（パナス） |
| 少し気分が悪いのです。酔い止めの薬を下さい
I don't feel well. May I have some medicine for motion sickness? | **Saya tidak sihat. Berikan saya**
サヤ　ティダッ スィハッ ブリカン　サヤ
ubat untuk mabuk udara.
ウバッ ウントゥッ マブッ　ウダラ |

ワードバンク

座席番号	**nombor tempat duduk** ノンボル トゥンパッ ドゥドゥッ	航空券	**tiket penerbangan** ティケッ プヌルバンガン
搭乗券	**pas masuk** パス マスッ	手荷物引換証	**penyata bagasi daftar masuk** プニャタ バガスィ ダフタル マスッ
預け入れ手荷物	**bagasi daftar masuk** バガスィ ダフタル マスッ	時差	**perbezaan waktu** プルベザアン ワクトゥ
機内持ち込み手荷物	**bagasi tangan** バガスィ タンガン	離陸	**perlepasan** プルルパサン	着陸	**ketibaan** クティバアン

機内で

機内トイレ

●トイレのドアを閉め、鍵を下ろすと、室内灯がつきます。
●次の人のためにきれいに使いましょう。

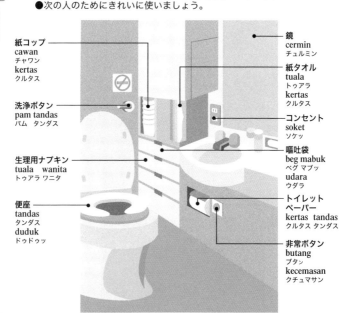

紙コップ
cawan
チャワン
kertas
クルタス

洗浄ボタン
pam tandas
パム タンダス

生理用ナプキン
tuala wanita
トゥアラ ワニタ

便座
tandas
タンダス
duduk
ドゥドゥッ

鏡
cermin
チュルミン

紙タオル
tuala
トゥアラ
kertas
クルタス

コンセント
soket
ソケッ

嘔吐袋
beg mabuk
ベグ マブッ
udara
ウダラ

トイレットペーパー
kertas tandas
クルタス タンダス

非常ボタン
butang
ブタン
kecemasan
クチュマサン

トランジット Transit

Transit

　マレーシアへは直行便のほか、アジア系航空会社の経由便が多数就航しています。途中で別便に乗り継ぐため、飛行機から降りて待合室で待機（トランジット）する場合、ターミナル間の移動があるか、出入国・チェックイン手続き、預け入れ荷物の受け取りの有無など、事前に確認しておくと安心です。なお、待合室を使わず、機内待機になる便もあります。

この空港にはどのくらい停まりますか
How long will we stop here?

Berapa lama akan kita singgah di
ブラパ　ラマ　アカン　キタ　スィンガ　ディ
sini?
スィニ

待合室に免税品店はありますか
Are there any duty-free shops in the waiting area?

Ada kedai bebas cukai di tempat
アダ　クダイ　ベバス　チュカイ　ディ　トゥンパッ
menunggu?
ムヌング

私はクアラルンプールへ行く乗継ぎ客です
I'm in transit to Kuala Lumpur.

Saya sedang transit ke Kuala
サヤ　スダン　トランスィック　クアラ
Lumpur.
ルンプル

マレーシア航空の便に乗ります
I'm on a Malaysia Airlines' flight.

Saya naik penerbangan Malaysia
サヤ　ナイッ　プヌルバンガン　マレイスィア
Airlines.
エアラインズ

マレーシア航空の乗継ぎカウンターはどこですか
How can I get to the connecting flight counter of Malaysia Airlines?

Bagaimana boleh saya ke kaunter
バガイマナ　ボレ　サヤ　ク　カウントゥル
transit Malaysia Airlines?
トランスィッ　マレイスィア　エアラインズ

マレーシア航空の搭乗ゲートはどこですか
Where is the boarding gate for Malaysia Airlines?

Di mana pintu masuk berlepas
ディ　マナ　ピントゥ　マスッ　ブルルパス
Malaysia Airlines?
マレイスィア　エアラインズ

搭乗手続きはどこでするのですか
Where can I check in?

Di mana boleh saya daftar masuk?
ディ　マナ　ボレ　サヤ　ダフタル　マスッ

予約は東京で確認してあります
The reservation was confirmed in Tokyo.

Tempahan saya disahkan di
トゥンパハン　サヤ　ディサカン　ディ
Tokyo.
トウキョウ

手荷物預かり所はどこですか
Where can I check my baggage?

Di mana boleh saya daftar masuk
ディ　マナ　ボレ　サヤ　ダフタル　マスッ
beg saya?
ベグ　サヤ

入国審査 Passport Control — **Pemeriksaan Imigresen**

入国手続きは入国審査、荷物引取り、税関検査の順に行われます。入国審査では、入国目的、滞在日数などを聞かれることもありますが、落ち着いて答えましょう。何も聞かれないこともあります。審査が終わるとパスポートに入国スタンプが押され、返してくれます。

パスポートを見せて下さい May I see your passport, please?	**Boleh saya lihat pasport, encik /** ボレ　サヤ　リハッ　パスポルト　ウンチッ / **cik?** チッ
はい、これです Yes, here it is.	**Ya, silakan.** ヤ　スィラカン
旅行の目的は何ですか What's the purpose of your visit?	**Apa tujuan　encik / cik datang ke** アパ　トゥジュアン　ウンチッ / チッ　ダタン　ク **sini?** スィニ
<u>観光</u>（商用）です <u>Sightseeing</u> (Business).	**<u>Bercuti</u>　(Bekerja).** <u>ブルチュティ</u>　（ブクルジャ）
マレーシアには何日滞在しますか How long will you be staying in Malaysia?	**Berapa lama encik / cik berada di** ブラパ　ラマ　ウンチッ / チッ ブラダ　ティ **Malaysia?** マレイスィア
<u>5</u>日間滞在します <u>Five</u> days.	**<u>Lima</u> hari.** <u>リマ</u>　ハリ
帰りの航空券はありますか Do you have a return ticket?	**Encik / Cik ada tiket　balik?** ウンチッ / チッ　アダ　ティケッ バリッ

ワードバンク

入国管理	**imigresen** イミグレセン	入国審査	**pemeriksaan imigresen** プムリッsアアン　イミグレセン
居住者	**pemastautin** プマスタウティン	非居住者	**bukan pemastautin** ブカン　プマスタウティン
パスポート （旅券）	**pasport** パスポルト	ビザ（査証）	**visa** ヴィサ
検疫	**kuarantin** クアランティン	予防接種 証明書	**kad kuning** カッ クニン
入国目的	**tujuan　masuk ke negara** トゥジュアン マスッ ク ヌガラ	滞在予定期間	**tempoh lawatan** テンポ　ラワタン
サイン （署名）	**tandatangan** タンダタンガン	目的地	**destinasi** ディスティナスィ

荷物引取り Baggage Claim　　　　Tuntutan Bagasi

入国審査が終わったら、荷物引取り **Tuntutan Bagasi** の標示に従って進みます。機内預け入れ手荷物は、乗ってきた便の航空会社名と便名が表示されたターンテーブルに出てくるので、その周りで待ちます。スーツケースなどは似たようなものが多いので、何か目印になるものをつけておくとよいでしょう。

荷物が破損しています My baggage is damaged.	**Beg saya rosak.** ベグ サヤ ロサッ
荷物が見つかりません I can't find my baggage.	**Saya tidak boleh jumpa beg saya.** サヤ ティダッ ボレ ジュンパ ベグ サヤ
手荷物引換証はこれです Here is my claim tag.	**Ini penyata bagasi saya.** イニ プニャタ バガスィ サヤ
大型の革のスーツケース（ボストンバッグ）で名札がついています。色は紺色です It is a large leather suitcase (overnight bag) with my name tag. It's dark blue.	**Beg pakaian (Beg penginapan)** ベグ パカイアン（ベグ プンギナパン） **kulit saya dengan tag nama.** クリッ サヤ ドゥンガン タグ ナマ **Warnanya biru tua.** ワルナニャ ビル トゥア
私のホテルはここです This is my hotel.	**Ini hotel saya.** イニ ホテル サヤ
とりあえず必要な物を購入したいので、その代金をもらえますか I'd like to purchase what I need for the night. Will you reimburse me for it?	**Saya nak membeli barang** サヤ ナッ ムンブリ バラン **keperluan. Boleh saya menerima** クプルルアン ボレ サヤ ムヌリマ **bayarannya?** バヤランニャ
そちらの連絡先を教えて下さい Please tell me your contact address.	**Sila berikan nombor telefon atau** スィラ ブリカン ノンボル テレフォン アタウ **alamat untuk berhubung dengan** アラマッ ウントゥッ ブルフブン ドゥンガン **encik / cik.** ウンチッ / チッ

ロスト・バゲージ

ターンテーブルで荷物が出てこなかったときは、荷物を預けたときにもらったクレームタッグ（手荷物引換証）と、航空券、パスポートを持って、空港係員に申し出ます。なくした荷物の形、色、サイズ、中身を紛失証明書 **surat laporan kehilangan barang** に書き、全部の相当金額を申告します。見つかり次第届けてもらえるように、行く先々の宿泊場所と帰国後の住所を書いて渡します。たいてい、数日もすれば見つかりますが、発見されない場合、補償限度額は限られています。

税関検査 Customs　　　　　　　　　Pemeriksaan Kastam

　荷物を受け取ったら税関 **Kastam** へ行きます。課税されると思われるときは **Cukai** の標示の方へ、課税されないと思われるときは **Bebas Cukai** の標示の方へ進んで下さい。税関の職員に税関申告書を渡しますが、そのときに検査をするよう言われたら、申告するものがなくても **Cukai** の標示の方へ行き、荷物をＸ線に通さなければなりません。検査が不要なときはすぐに外に出られます。

このバッグを開けて下さい Please open this bag.	Sila buka beg ini. スィラ ブカ ベグ イニ
それは私の身の回りの品です These are for my personal use.	**Ini barang peribadi saya.** イニ バラン プリバディ サヤ
これは友人へのみやげです These are gifts for my friends.	**Ini hadiah untuk kawan saya.** イニ ハディア ウントゥッ カワン サヤ
日本では1万円くらいでした I paid about 10,000 yen in Japan.	**Lebih kurang 10 ribu yen di** ルビ クラン スブル リブ イエン ディ **Jepun.** ジュプン
酒やたばこを持っていますか Do you have any liquor or cigarettes?	Ada arak atau rokok? アダ アラッ アタウ ロコッ
ウィスキーを2本持っています Yes, I have two bottles of whisky.	**Ya, saya ada 2 botol wiski.** ヤ サヤ アダ ドゥア ボトル ウィスキ
これは課税となります You'll have to pay duty on this.	Encik / Cik perlu bayar cukai. ウンチッ / チッ プルル バヤル チュカイ
結構です。この申告書を出口の係官に渡して下さい OK. Please give this declaration card to that officer at the exit.	OK. Sila berikan borang オーケー スィラ ブリカン ボラン pengakuan kepada pegawai di プンガクアン クパダ プガワイ ディ pintu keluar. ピントゥ クルアル

ワードバンク

税関申告書	borang pengakuan kastam ボラン プンガクアン カスタム		申告	pengakuan / laporan プンガクアン / ラポラン
免税／課税	bebas cukai / cukai ベバス チュカイ / チュカイ		免税品	barangan bebas cukai バランガン ベバス チュカイ
酒	arak アラッ	たばこ	rokok ロコッ	葉巻	cerut チュルッ
香水	minyak wangi ミニャッ ワンギ	スーツケース	beg pakaian ベグ パカイアン	検疫	kuarantin クアランティン

両替 Exchange

Pertukaran Wang

目的の空港に着いたら、チップや交通費など、すぐに必要になる金額を両替しておきましょう。あまり多くの現金を持ち歩くのは危険ですし、両替の手数料を考えると、その後に必要となるリンギットは、市中の両替所を利用した方が有利です。なお、両替手数料はホテルが最も高いので、空港から直接リゾートのホテルに向かう際は、民間の両替所が利用できない場合が多いため、空港の銀行で両替した方が得策です。

両替所はどこですか Where can I change money?	**Di mana boleh saya tukar wang?** ティ マナ　ボレ　サヤ　トゥカル ワン
銀行の営業時間は何時までですか How late is the bank open?	**Sampai pukul berapa bank** サンパイ　プクル　ブラパ　バンク **dibuka?** ディブカ
これをリンギットに交換して下さい Can you change this into ringgit?	**Boleh tukarkan ke ringgit?** ボレ　トゥカルカン　ク　リンギッ
為替レートはどのくらいですか What is the exchange rate?	**Berapa kadar pertukaran?** ブラパ　カダル　プルトゥカラン
(札を渡して)これを細かくして下さい May I have some change?	**Tolong pecahkan duit.** トロン　プチャカン　ドゥイッ
小銭も混ぜて下さい I'd like some small change.	**Berikan saya syiling.** ブリカン　サヤ　シリン
★ 計算が違っていませんか I think there might be a mistake in this bill.	**Betul kah kiraan ini?** ブトゥル カ　キラアン　イニ
計算書を下さい May I have a receipt?	**Boleh saya menerima penyata?** ボレ　サヤ　ムヌリマ　プニャタ

両替

ワードバンク

外貨両替 証明書	sijil pertukaran wang asing スィジル プルトゥカラン ワン アスィン	両替所	tempat pertukaran wang トゥンパッ プルトゥカラン ワン
サイン (署名)	tandatangan タンダタンガン	紙幣	wang kertas ワン クルタス	現金	tunai トゥナイ
硬貨	syiling シリン	交換率	kadar pertukaran カダル プルトゥカラン	銀行	bank バンク
100 リンギット 紙幣	wang kertas 100 ringgit ワン クルタス スラトゥス リンギッ	1 リンギット 紙幣	wang kertas 1 ringgit ワン クルタス スリンギッ
50 セン硬貨	duit syiling 50 sen ドゥイッ シリン リマプルオ セン

案内所 Information — Kaunter Penerangan

日本からの直行便が到着するクアラルンプールやコタ・キナバルの国際空港はもちろん、人気のリゾートであるペナン島やランカウイ島などの空港や、主要な観光地には観光案内所があります。緑地のプレートに「i」の文字が描かれた看板が掲げられている施設がそうです。見どころやホテル、レストランなどの最新の情報を手に入れることができるので、知りたいこと、頼みたいことを積極的に尋ねてみるとよいでしょう。

観光案内所はどこにありますか Where is the tourist information?	Di mana pusat penerangan pelancong? ディ マナ プサッ プヌランガン プランチョン
ホテルリスト（観光パンフレット）はありますか Do you have a hotel list (tourist brochure)?	Ada senarai hotel (risalah melancong)? アダ スナライ ホテル （リサラ ムランチョン）
市内地図をもらえますか May I have a city map?	Boleh berikan saya peta bandaraya? ボレ ブリカン サヤ プタ バンダラヤ
バス（タクシー）の乗り場はどこですか Where is the bus stop (taxi stand)?	Di mana perhentian bas (teksi)? ディ マナ プルフンティアン バス （テクスィ）
市の中心までタクシー代はいくらくらいですか How much does it cost to the city center by taxi?	Berapa tambang teksi ke pusat bandaraya? ブラパ タンバン テクスィ ク プサッ バンダラヤ
KL セントラル駅行きのエアポートバスはどこで乗れますか Where can I get the airport bus for the KL Central railway station?	Di mana boleh saya naik bas ke stesen KL Sentral? ディ マナ ボレ サヤ ナイッ バス ク ステセン ケーエル セントラル
ここでホテルの予約ができますか Can I reserve a hotel here?	Boleh saya tempah hotel di sini? ボレ サヤ トゥンパ ホテル ディ スィニ
市内のホテルを予約して下さい Could you reserve a hotel in the city?	Tolong tempahkan hotel di dalam bandaraya. トロン トゥンパカン ホテル ディ ダラム バンダラヤ

ワードバンク

バス停	perhentian bas プルフンティアン バス	タクシー乗り場	perhentian teksi プルフンティアン テクスィ
列車（市電など）	tren トレン		
列車（鉄道）	keretapi クレタピ	両替所	tempat pertukaran wang トゥンパッ プルトゥカラン ワン

空港から市内へ To the City　Dari Lapangan Terbang Ke Bandaraya

クアラルンプール国際空港からは、空港とKLセントラルを結ぶ鉄道を利用するのが最も早くKL中心部へ行けます。両駅をノンストップで結ぶKLIAエクスプレス（所要約30分）と途中3駅に停車するKLIAトランジット（所要約35分）があり、15〜30分おきに発車しています。そのほか、エアポートタクシーやエアポートバスで行く方法もあります。

市内までどのくらいで行けますか（時間） How long does it take to get to the city center?	**Berapa lama untuk　pengi ke** ブラパ　ラマ　ウントゥッ　プルギ　ク **bandaraya?** バンダラヤ
KLIA エクスプレスのチケットはどこで買うのですか Where can I buy a ticket for the KLIA Ekspres?	**Di　mana boleh saya beli tiket** ディ マナ　ボレ サヤ　ブリ ティケッ **KLIA　Ekspres?** ケーエルアイエー エクスプレス
カートはどこにありますか Where are the baggage carts?	**Di　mana troli beg?** ディ マナ　トロリ ベグ
エアポート・バスターミナルで降ろして下さい I'll get off at an airport bus terminal.	**Saya nak turun di　terminal bas** サヤ　ナッ トゥルン ディ トゥルミナル バス **lapangan terbang.** ラパンガン　トゥルバン
市内へ行くエアポートバスはどれですか Which airport bus goes to the city center?	**Bas yang mana ke bandaraya?** バス ヤン　マナ　ク　バンダラヤ
この荷物をタクシー（バス）乗り場まで運んで下さい Please take this baggage to the taxi stand (bus stop).	**Tolong angkatkan beg saya ke** トロン　アンカッカン　ベグ サヤ　ク **perhentian teksi　(bas).** プルフンティアン テクスィ（バス）
エクアトリアル・ホテルへ行って下さい Please take me to Hotel Equatorial.	**Tolong bawa saya ke Hotel** トロン　バワ　サヤ　ク　ホテル **Equatorial.** エクアトリアル

ワードバンク

ポーター料	**bayaran porter** バヤラン ポルトゥル	チップ	**tip** ティプ	運転手	**pemandu** プマンドゥ
時刻表	**jadual　waktu** ジャドゥアル ワクトゥ	料金	**tambang** タンバン	出発時間	**waktu bertolak** ワクトゥ ブルトラッ
到着時間	**waktu ketibaan** ワクトゥ クティバアン	切符売り場	**kaunter　tiket** カウントゥル ティケッ		

出国
Departure
Perlepasan

　以前は出発時刻の 72 時間前までに、電話か航空会社の営業所で予約の再確認（リコンファーム）を行いましたが、現在はほとんどの航空会社で不要になりました。事前に必要か確認しておきましょう。

飛行機を予約する　Reservation	Menempah Tiket Penerbangan
マレーシア航空ですか Hello. Is this Malaysia Airlines?	**Ini Malaysia Airlines?** イニ　マレイスィア　エアラインズ
東京行きを予約したいのですが I'd like to reserve a seat for Tokyo.	**Saya nak menempah tiket　ke** サヤ　ナッ　ムヌンパ　　ティケッ　ク **Tokyo.** トウキョウ
★ エコノミー（ビジネス）クラスでお願いします Economy (Business) class, please.	**Di kelas ekonomi (bisnes).** ディ クラス　エコノミ　（ビスネス）
航空券をお持ちですか Do you have a ticket?	Encik / Cik ada tiket? ウンチッ / チッ　アダ　ティケッ
はい／いいえ Yes./No.	**Ya. / Tidak.** ヤ　／ティダッ
6月10日をお願いします I'd like a flight on June 10th.	**Pada 10　haribulan Jun.** パダ　スプル ハリブラン　　ジュン
まだ空席はあります We still have seats available.	Kami masih ada tempat kosong. カミ　マスィ　アダ　トゥンパッ コソン
あいにくこのフライトは満席です Sorry, but this flight is full.	Maaf encik / cik, tapi penerbangan マアフ　ウンチッ / チッ　タピ　プヌルバンガン ini sudah penuh. イニ スダ　　プヌ
予約できる一番早い便をお願いします I'd like to reserve the next available flight.	**Saya nak menempah penerbangan** サヤ　ナッ　ムヌンパ　　　プヌルバンガン **yang paling awal.** ヤン　　パリン　アワル
6月12日のフライトでお取りできます I can reserve a flight on June 12.	Saya boleh tempahkan サヤ　ボレ　トゥンパカン penerbangan 12　haribulan プヌルバンガン　　ドゥア プラス　ハリブラン Jun. ジュン

それを予約して下さい Could you reserve a seat for me?	**Tolong tempahkan yang itu.** トロン　トゥンパハカン　ヤン　イトゥ	
便名と出発の時間を教えて下さい What is the flight number and departure time?	**Apa nombor penerbangan dan** アパ　ノンボル　プヌルバンガン　ダン **waktu perlepasan?** ワクトゥ　プルルパサン	
MH088便、23時30分発です The flight number is MH088, and the departure time is 23:30.	Penerbangan M H 0 8 8, プヌルバンガン　エム エイチ コソン ラパン ラパン berlepas jam 11: 30 malam. ブルルパス ジャム スプラス ストゥンガ マラム	
クアラランプール国際空港（KLIA）からの出発になります You will be leaving from Kuala Lumpur International Airport (KLIA).	Anda akan berlepas dari lapangan アンダ　アカン　ブルルパス　ダリ　ラパンガン terbang antarabangsa Kuala トゥルバン　アンタラバンサ　クアラ Lumpur (KLIA). ルンプル　（ケーエルアイエー）	
分かりました。ありがとう All right. Thank you.	**Baik lah. Terima kasih.** バイッ ラ　トゥリマ　カスィ	
予約を取り消して下さい Could you cancel my reservation?	**Tolong batalkan tempahan saya.** トロン　バタルカン　トゥンパハン　サヤ	

予約の再確認をする　Reconfirmation	Pengesahan Semula

飛行機の予約を再確認したいのですが I'd like to reconfirm my flight.	**Saya nak mengesahkan semula** サヤ　ナッ　ムングサカン　スムラ **tiket saya.** ティケッ サヤ
お名前と便名をどうぞ May I have your name and flight number, please?	Nama dan nombor penerbangan ナマ　ダン　ノンボル　プヌルバンガン encik / cik. ウンチッ / チッ
名前は山下一郎、6月25日のMH080便、東京行きです My name is Ichiro Yamashita. My flight number is MH080 for Tokyo on June 25th.	Nama saya Ichiro Yamashita, ナマ　サヤ　イチロウ ヤマシタ penerbangan M H 0 8 0 プヌルバンガン　エム エイチ コソン ラパン コソン pada 2 5 haribulan Jun, パダ　ドゥアプル リマ ハリブラン　ジュン ke Tokyo. ク トウキョウ
出発時刻を確認したいのですが I'd like to confirm the departure time.	**Saya nak mengesahkan waktu** サヤ　ナッ　ムングサカン　ワクトゥ **berlepas.** ブルルパス

6月25日、MH080便東京行きは、再確認できました
OK. MH080 for Tokyo, June 25th is reconfirmed.

OK. M H 0 8 0 ke
オーケー エム エイチ コソン ラパン コソン ク
Tokyo, 2 5 haribulan Jun
トウキョウ ドゥアブル リマ ハリブラン ジュン
telah disahkan semula.
トゥラ ディサカン スムラ

空港でチェックイン　Check-in　Daftar Masuk Di Lapangan Terbang

マレーシア航空のカウンターはどこですか
Where is the Malaysia Airlines counter?

Di mana kaunter Malaysia Airlines?
ディ マナ　カウントゥル マレイスィア　エアラインズ

MH080便の東京行きに乗ります
I'm on flight MH080 for Tokyo.

Saya ke Tokyo, penerbangan M H 0 8 0.
サヤ　ク　トウキョウ プヌルバンガン　エム エイチ コソン ラパン コソン

窓側（通路側）の席にして下さい
I'd like to have a window (an aisle) seat.

Saya nak tempat duduk sebelah tingkap (sebelah lorong).
サヤ　ナッ　トゥンパッ ドゥドゥッ スブラ ティンカプ（スブラ　ロロン）

友人と隣合せの席にして下さい
I'd like to sit with my friend.

Saya nak duduk sebelah kawan saya.
サヤ　ナッ　ドゥドゥッ スブラ　カワン サヤ

前方（後方）の席がいいのですが
I prefer to sit in the front (back) of the plane.

Ada tempat duduk di bahagian depan (bahagian belakang)?
アダ トゥンパッ ドゥドゥッ ディ バハギアン ドゥパン（バハギアン　ブラカン）

他人からの預かり物はありませんか
Has anyone given you anything to carry on board?

Encik / Cik ada membawa barang kepunyaan orang lain?
ウンチッ / チッ アダ ムンバワ　バラン クプニャアン　オラン　ライン

いいえ。何もありません
No, they haven't.

Tidak. Tiada
ティダッ ティアダ

搭乗ゲートはどこですか
Where is the boarding gate?

Di mana pintu masuk berlepas?
ディ マナ　ピントゥ マスッ　ブルルパス

搭乗開始は何時ですか
What time does boarding start?

Pukul berapa bermula naik pesawat?
プクル　ブラパ　ブルムラ　ナイッ プサワッ

この便は定刻に出発しますか
Will this flight leave on schedule?

Adakah penerbangan ini akan berlepas tepat pada masanya?
アダカ　プヌルバンガン　イニ アカン ブルルパス トゥパッ パダ　マサニャ

ワードバンク

国際線	penerbangan antarabangsa プヌルバンガン　アンタラバンサ	国内線	penerbangan domestik プヌルバンガン　ドメスティッ
予約	tempahan トゥンパハン	出国税	cukai keluar negara チュカイ クルアル ヌガラ
予約の再確認	pengesahan semula tempahan プングサハン　スムラ　トゥンパハン	出発時刻	waktu berlepas ワクトゥ ブルルパス
窓側／通路側	sebelah tingkap / sebelah lorong スブラ　ティンカフ / スブラ　ロロン	搭乗ゲート	pintu masuk berlepas ピントゥ マスッ　ブルルパス
出発ロビー	balai berlepas バライ ブルルパス	直行便	penerbangan terus プヌルバンガン　トゥルス
免税店	kedai bebas cukai クダイ ベバス チュカイ	両替	pertukaran wang プルトゥカラン ワン
別送手荷物	bagasi hantar berasingan バガスィ ハンタル ブラスィンガン	こわれもの	barang mudah pecah バラン　ムダ　プチャ
タックス・ リファンド	pemulangan cukai プムランガン　チュカイ	乗客	penumpang プヌンパン

63

移動する

Transportation
Pengangkutan

飛行機　Airplanes　　　　　　Kapal Terbang

　クアラルンプールを起点に、国内の主要空港へはマレーシア航空が運航していますが、島のリゾートや東マレーシアなどへはローカルの航空会社を利用することも少なくありません。なお、東マレーシアへは国内移動でも入国のチェックがあります。パスポートはすぐに出せるようにしておきましょう。

★ コタ・キナバル行きのエア・アジア航空のカウンターはどこですか Where is the AirAsia counter for flights to Kota Kinabalu?	**Di mana kaunter AirAsia untuk** ディ マナ　カウントゥル エアアスィア ウントゥッ **penerbangan ke Kota Kinabalu?** プヌルバンガン　ク コタ　キナバル
あなたの予約は入っておりません I can't find your name.	Saya tidak boleh jumpa tempahan サヤ　ティダッ ボレ　ジュンパ トゥンパハン encik / cik. ウンチッ / チッ
予約は<u>東京</u>で確認してあります My reservation was confirmed in <u>Tokyo</u>.	**Tempahan saya disahkan di** トゥンパハン　サヤ　ディサカン　ディ **Tokyo.** トウキョウ
チェックインは何時からですか What is the check-in time?	**Pukul berapa waktu daftar masuk?** プクル　ブラパ　ワクトゥ ダフタル マスッ
1 時間前までにチェックインして下さい You must check in at least one hour before departure.	Sila daftar masuk selewat-lewatnya スィラ ダフタル マスッ　スレワッツレワッニャ sejam sebelum penerbangan. スジャム スブルム　プヌルバンガン
<u>コタ・キナバル</u>行きの <u>AK5122</u> 便に乗せて下さい I'd like a seat on flight <u>AK5122</u> to <u>Kota Kinabalu</u>.	**Saya nak satu tempat duduk di** サヤ　ナッ サトゥ トゥンパッ ドゥドゥッ ディ **penerbangan A K 5 1 2** プヌルバンガン　エーケー リマ サトゥ ドゥア **2 ke Kota Kinabalu.** ドゥア ク コタ　キナバル
★ （搭乗券を見せながら）この便の搭乗ゲートはどこですか Where is the boarding gate for this flight?	**Di mana pintu masuk berlepas** ディ マナ　ピントゥ マスッ　ブルルパス **untuk penerbangan ini?** ウントゥッ プヌルバンガン　イニ
私の席はどこですか Where is my seat?	**Di mana tempat duduk saya?** ディ マナ　トゥンパッ ドゥドゥッ サヤ

鉄道 Trains　　　　　　　　　　　　　　　　　　Keretapi

マレー半島の南北をつなぐマレー鉄道は、タイ、シンガポールへとつながる西側と、昔ながらの風景が残る東側の2ルートがあります。いずれも時間がかかるため、旅行で利用する人はそれほど多くはありませんが、西側ルートは観光スポットも多く、外国人旅行者の利用もあります。

切符売り場はどこですか Where is the ticket office?	**Di mana kaunter tiket?** ディ マナ　カウントゥ ティケッ
予約はどの窓口でできますか At which window can I make a reservation?	**Boleh saya buat tempahan di** ボレ　サヤ　ブアットゥンパハン　ディ **kaunter?** カウントゥ
★ <u>バターワース駅までの2等切符を1枚下さい</u> Can I have a second-class ticket to Butterworth railway station, please?	**Saya nak satu tiket kelas dua ke** サヤ　ナッ サトゥ ティケッ クラス ドゥア ク **stesen Butterworth.** ステセン バターワース
この列車はどこ行きですか Where does this train go to?	**Keretapi ini pergi ke mana?** クレタピ　イニ プルギ ク マナ
★ これは<u>タイピン</u>行きの列車ですか Is this the train to Taiping?	**Ini keretapi ke Taiping?** イニ クレタピ ク タイピン

ワードバンク

～行き	ke ~ ク	出発	perlepasan プルルパサン	到着	ketibaan クティバアン
～経由	melalui ~ ムラルイ	時刻表	jadual waktu ジャドゥアル ワクトゥ	運賃	tambang タンバン
急行料金	caj tambang ekspres チャジ タンバン エクスプレス		普通列車		keretapi biasa / tren biasa クレタピ ビアサ / トレン ビアサ
急行列車	keretapi ekspres / tren ekspres クレタピ エクスプレス / トレン エクスプレス	1等車			gerabak kelas satu グラバッ クラス サトゥ
2等車	gerabak kelas dua グラバッ クラス ドゥア		3等車		gerabak kelas tiga グラバッ クラス ティガ
寝台車	gerabak tidur グラバッ ティドゥル	食堂車	gerabak kantin グラバッ カンティン	片道	sehala スハラ
往復	pergi balik プルギ バリッ	切符売り場	kaunter tiket カウントゥ ティケッ	改札口	pintu tiket ピントゥ ティケッ
予約	tempahan トゥンパハン	車掌	konduktor コンドゥクトゥル	検札	pemeriksa tiket プムリクサ ティケッ
指定席	tempat duduk tempahan トゥンパッ ドゥドゥッ トゥンパハン	エアコン座席	tempat duduk berhawa dingin トゥンパッ ドゥドゥッ ブルハワ ディンギン		

長距離バス Long-Distance Buses　　　Bas Jarak Jauh

　マレーシアの国内移動ではバスがもっともよく利用されている交通手段です。経済的なことに加え、エアコン付きの設備の整ったバスが増えたことで、外国人旅行者の利用も多くなっています。イスラム教の断食明けを祝うハリ・ラヤ・プアサなどの特別な祝日を除き、予約しないで当日にターミナルに行っても、たいていの場合、乗車できるのも便利な点です。

マラッカ行きのバスターミナルはどこですか Where is the bus terminal for Malacca?	Di mana terminal bas ke Melaka? ディ マナ　トゥルミナル バス ク ムラカ
★ 切符売り場はどこですか Where is the ticket office?	Di mana kaunter tiket? ディ マナ　カウントゥル ティケッ
ジョホール・バル行きのバスは何時に出ますか What time does the bus for Johor Bahru leave?	Pukul berapa bas ke Johor Bahru akan bertolak? プクル ブラパ　バス ク ジョホル バル アカン ブルトラッ
コタ・バルまで時間はどのくらいかかりますか How long does it take to Kota Bharu?	Berapa lama untuk ke Kota Bharu? ブラパ ラマ ウントゥック コタ バル
★ この席は空いていますか Is this seat taken?	Tempat ini kosong? トゥンパッ イニ コソン
何時に出発しますか What time does this bus leave?	Pukul berapa bas akan bertolak? プクル ブラパ バス アカン ブルトラッ
ここには何分くらい停まりますか How long does the bus stop here?	Berapa minit berhenti di sini? ブラパ ミニッ ブルフンティ ディ スィニ

ワードバンク

予約	tempahan トゥンパハン	行き先	destinasi デスティナスィ	～行き	ke ~ ク
直行バス	bas ekspres バス エクスプレス	切符	tiket ティケッ	出発時間	waktu bertolak ワクトゥ ブルトラッ
到着時間	waktu ketibaan ワクトゥ クティバアン	時刻表	jadual waktu ジャドゥアル ワクトゥ		
前方の席	tempat duduk di bahagian depan トゥンパッ ドゥドゥッ ディ バハギアン ドゥパン				
後方の席	tempat duduk di bahagian belakang トゥンパッ ドゥドゥッ ディ バハギアン ブラカン			有効期間	tempoh sah テンポ サ
無効な	tidak sah ティダッ サ	（長距離バス）	terminal bas トゥルミナル バス		

船 Ships — **Kapal**

　リゾートアイランドが各所に点在しているマレーシアでは、島々を結ぶフェリーや高速船、観光クルーズ船が数多く就航しています。のんびりと船の旅を楽しむのもよいでしょう。フェリーなど座席数の多い便は、たいてい予約なしでも利用できますが、高速船や観光クルーズ船は予約が必須です。またモンスーンの季節には運休することも多いので要注意です。

クルーズ船の乗り場はどこですか Where can I board the cruise ship?	**Di mana boleh saya naik kapal** ディ マナ　ボレ　サヤ　ナイッ カパル **persiaran?** プルスィアラン
切符はどこで買えますか Where can I get a ticket?	**Di mana boleh saya beli tiket?** ディ マナ　ボレ　サヤ　ブリ ティケッ
予約は必要ですか Do I need a reservation?	**Adakah saya perlu tempahan?** アダカ　サヤ　プルル　トゥンパハン
1 (2) 等船室の券を下さい I'd like a first (second) class ticket.	**Saya nak tiket kelas satu (dua).** サヤ　ナッ ティケッ クラス サトゥ（ドゥア）
食事は付いていますか Are any meals included?	**Ada makanan disediakan?** アダ　マカナン　ディスディアカン
★ 乗船時間は何時ですか What time do we board?	**Pukul berapa naik kapal?** プクル　ブラパ　ナイッ カパル
出港は何時ですか What time does the ship leave?	**Pukul berapa kapal bertolak?** プクル　ブラパ　カパル プルトラッ
私の船室はどこですか Where is my cabin?	**Di mana kabin saya?** ディ マナ　カビン　サヤ
! 船に酔ってしまいました。薬をもらえますか I'm seasick. May I have some medicine?	**Saya mabuk laut. Berikan saya** サヤ　マブッ　ラウッ ブリカン　サヤ **ubat.** ウバッ
医者を呼んでもらえますか Could you call a doctor, please?	**Boleh panggilkan doktor?** ボレ　パンギルカン　ドクトル

船

タクシー Taxi

Teksi

クアラルンプール市内のタクシーは、エアコンも完備されていて、便利でリーズナブルな交通手段です。**TEKSI** の看板が出ているスタンドのほか、ショッピングセンターやホテル前で拾うことができ、流しのタクシーも多いです。基本的にはメーター制ですが、メーターを使用しないドライバーも多いので、必ず乗車する前に行き先を伝え、料金を確認してから利用しましょう。

タクシー乗り場はどこですか Where is the taxi stand?	**Di mana perhentian teksi?** ディ マナ　　プルフンティアン テクスィ
タクシーを呼んで下さい Could you call a taxi for me?	**Tolong panggil teksi.** トロン　　パンギル　　テクスィ
どちらまで Where to?	Ke mana? ク　マナ
空港まで行って下さい To the airport, please.	**Ke lapangan terbang.** ク　ラパンガン　　トゥルバン
★ （メモを見せて）この住所へ行って下さい To this place, please.	**Ke alamat ini.** ク　アラマッ イニ
右（左）に曲がって下さい Please turn to the right (left).	**Tolong belok ke kanan (kiri).** トロン　　ブロック ク カナン　（キリ）
もっとゆっくり走って下さい Could you drive more slowly?	**Tolong memandu dengan** トロン　　ムマンドゥ　　ドゥンガン **perlahan.** プルラハン
ここで停めて下さい Stop here, please.	**Berhenti di sini.** ブルフンティ ディ スィニ
いくらですか How much is it?	**Berapa harganya?** ブラパ　　ハルガニャ
❗ 料金がメーターと違います That is different from the fare shown on the meter.	**Tambang ini tidak sama dengan** タンバン　　イニ ティダッ サマ ドゥンガン **meter.** メトゥル

ワードバンク

タクシー乗り場	perhentian teksi プルフンティアン テクスィ	トランク	bonet ボネッ	チップ	tip ティプ
領収証	resit レスィッ	角	selekoh スルコ	料金メーター	meter tambang メトゥル タンバン

LRT・KL モノレール LRT/KL Monorail　**LRT / KL Monorel**

　クアラルンプール市内は各種の都市交通機関が充実していて、外国人旅行者も比較的容易に移動することができます。最も利用しやすいのが、LRT(Light Railway Transit)で、3路線があります。ほかに、中心部を走るKL モノレール、北西のスンガイブローと南東のカジャンとを結ぶMRT(Mass Rapid Transit)、近郊電車のKTMコミューターもあります。

（観光案内所などで）<u>LRT</u> の路線図をもらえますか May I have an LRT map?	**Saya nak peta LRT.** サヤ　ナッ　プタ　エルアールティ
★ <u>ジャラン・アロー</u>へ行くにはどこで降りればいいですか Which station do I get off at to go to the Jalan Alor?	**Untuk ke Jalan Alor, di stesen** ウントゥック　ジャラン　アロー　ディ ステセン **mana harus saya turun?** マナ　　ハルス　サヤ　トゥルン
時刻表はありますか May I see the timetable?	**Ada jadual waktu?** アダ　ジャドゥアル ワクトゥ
切符を1枚下さい Can I have a ticket, please?	**Saya nak satu tiket.** サヤ　ナッ　サトゥ ティケッ
この KL モノレールは <u>KL セントラル</u>の方へ行きますか Is this the KL Monorail to KL Central?	**KL　Monorel ini pergi ke KL** ケーエル モノレル　イニ プルギ ク　ケーエル **Sentral?** セントラル
ここは<u>ブキット・ビンタン</u>駅ですか Is this Bukit Bintang Station?	**Ini stesen Bukit Bintang?** イニ ステセン ブキッ　ビンタン
<u>マスジット・ジャメ</u>駅はいくつ目ですか How many stations is Masjid Jamek Station from here?	**Berapa hentian lagi ke stesen** ブラパ　フンティアン ラギ ク ステセン **Masjid Jamek?** マスジッ　ジャメッ

途中で乗り換えは必要ですか Do I have to change trains?	**Perlukah saya tukar tren?** プルルカ　サヤ　トゥカル トレン
<u>クアラルンプール</u>駅行きのホームはどちらですか From which platform is the train for <u>Kuala Lumpur</u> Station leaving?	**Di mana platform　tren ke stesen** ディ マナ　プラッフォルム トレンク ステセン **Kuala Lumpur?** クアラ　ルンプル
<u>ペトロナス・ツインタワー</u>の近くで降りたいのですが I want to get off at a station near the <u>Petronas Twin Towers.</u>	**Saya nak turun stesen yang dekat** サヤ　ナッ トゥルン ステセン ヤン　デカッ **Menara Berkembar Petronas.** ムナラ　ブルクンバル　ペトロナス
そこに着いたら教えて下さい Let me know when we get there.	**Tolong beritahu saya kalau sudah** トロン　ブリタフ　サヤ　カラウ スダ **sampai.** サンパイ
どこで KL モノレールを降りるのですか Which station do I get off the KL Monorail at?	**Di mana perlu saya turun KL** ディ マナ　プルル サヤ　トゥルン ケーエル **Monorel?** モノレル

ワードバンク

入口	**pintu masuk** ピントゥ マスッ	出口	**pintu keluar** ピントゥ クルアル	切符売り場	**kaunter tiket** カウントゥル ティケッ
駅	**stesen** ステセン	改札口	**pintu tiket** ピントゥ ティケッ	～行き	**ke ~** ク ～
プラットホーム	**platform** プラッフォルム	エレベーター	**lif** リフ		
LRT	**LRT** エルアールティ	KL モノレール	**KL Monorel** ケーエル モノレル		
ERL	**ERL** イーアールエルエル	KTM コミューター	**KTM Komuter** ケーティエム コムトゥル		

70

泊まる
Accommodation
Penginapan

ホテルを探す Looking for a Hotel　　　　**Mencari Hotel**

　ホテルを現地で探す場合は、空港や市内の観光案内所で聞いてみましょう。高級ホテルからシティホテル、手頃な値段の中級ホテル、ゲストハウス、バンガロー、シャレー、ドミトリータイプの安宿まで、大都市や人気のリゾートにはさまざまなタイプの宿泊施設があります。予算や訪問先に応じて選ぶとよいでしょう。希望のホテルがある場合、イスラム教の断食明けを祝うハリ・ラヤ・プアサや中国の旧正月、日本の年末年始、5月の連休、夏休みの時期などは早めに予約した方がよいでしょう。

ホテルリストはありますか Do you have a list of hotels?	**Ada senarai hotel?** アダ　スナライ　ホテル
駅に近いホテルがいいのですが I'd like to stay at a hotel near the station.	**Saya nak hotel dekat stesen.** サヤ　ナッ　ホテル　ドゥカッ ステセン
ここでホテルの予約ができますか Can I make hotel reservations here?	**Boleh saya buat tempahan hotel** ボレ　サヤ　ブアットゥンパハン　ホテル **di sini?** ディ スィニ
今晩予約をしたいのですが I'd like to make reservations for tonight.	**Saya nak buat tempahan untuk** サヤ　ナッ ブアットゥンパハン　ウントゥッ **malam ini.** マラム　イニ
部屋代はいくらですか How much is the room charge?	**Berapa harga bilik?** ブラパ　ハルガ　ビリッ
もっと安いホテルはありませんか Do you know of any cheaper hotels?	**Ada hotel yang lebih murah?** アダ　ホテル ヤン　ルビ　ムラ

ワードバンク

シングルルーム	**bilik bujang** ビリッ ブジャン	ツインルーム	**bilik kembar** ビリックンバル
ダブルルーム	**bilik kelamin** ビリックラミン	エキストラ ベッド	**katil ekstra** カティル エクストラ
バスタブ付き	**dengan bathtub** ドゥンガン バスタブ	シャワー付き	**dengan shower** ドゥンガン シャワー
エアコン付き	**dengan penghawa dingin** ドゥンガン プンハワ　ディンギン		

チェックイン Check-in   **Daftar Masuk**

マレーシアのホテルは、基本的に 14 時チェックイン、正午チェックアウトです。到着時刻が遅くなる場合は予約を取り消されてしまうこともあるので、あらかじめホテルに到着時刻を連絡しておくと安心です。高級ホテルのフロントはレセプション **reception** と会計 **cashier** に分かれています。チェックインはレセプションで行います。部屋のタイプ、設備、料金、滞在予定などはチェックインのときに確認しておき、疑問がある場合には、その場で尋ねるようにしましょう。

チェックインをお願いします I'd like to check in, please.	**Saya nak daftar masuk.** サヤ　ナッ　ダフタル　マスッ
★ 私の名前は<u>高井太郎</u>です My name is <u>Taro Takai</u>.	**Nama saya <u>Taro Takai</u>.** ナマ　　サヤ　<u>タロウ　タカイ</u>
これが確認書です Here is my confirmation slip.	**Ini pengesahan saya.** イニ　ブングサハン　　サヤ
日本で予約しました I made a reservation in Japan.	**Saya telah membuat tempahan di** サヤ　トゥラ　ムンブアッ　トゥンパハン　ティ **Jepun.** ジュプン
静かな部屋をお願いします I'd like a quiet room.	**Saya nak bilik yang senyap.** サヤ　　ナッ　ビリッ　ヤン　スニャフ
<u>公園</u>（通り）側の部屋をお願いします I'd like a room on the <u>park</u> (street) side.	**Saya nak bilik sebelah <u>taman</u>** サヤ　ナッ　ビリッ　スブラ　<u>タマン</u> **(jalan).** （ジャラン）
<u>眺めのいい</u>（バルコニー付きの） 部屋をお願いします I'd like a room with <u>a nice view</u> (balcony).	**Saya nak bilik dengan** サヤ　ナッ　ビリッ　ドゥンガン **pemandangan yang cantik** プマンダンガン　　　ヤン　チャンティッ **(beranda).** （ベランダ）

クレジットカードは使えますか Do you accept credit cards?	**Boleh saya pakai kad kredit?** ボレ　サヤ　パカイ　カッ　クレディッ
部屋を見せて下さい May I see the room?	**Boleh saya tengok bilik?** ボレ　サヤ　テンゴッ　ビリッ
お湯は1日中使えますか Is hot water available at any time?	**Ada air　panas sepanjang masa?** アダ　アイル パナス　スパンジャン　マサ
この部屋は気に入りません I don't like this room.	**Saya tak suka bilik ini.** サヤ　タッ スカ　ビリッ イニ
この部屋にします I'll take this room.	**Saya nak bilik ini.** サヤ　ナッ ビリッ イニ
今から部屋を使えますか Could I use the room right away?	**Boleh saya guna bilik ini dari** ボレ　サヤ　グナ　ビリッ イニ ダリ **sekarang?** スカラン
このホテルの住所を書いたカードを 下さい Can I have a card with this hotel's address?	**Berikan saya kad alamat hotel ini.** ブリカン　サヤ　カッ　アラマッ　ホテル イニ
★ <u>日本語</u>（英語）を話せる人はいま すか Does anyone here speak <u>Japanese</u> (English)?	**Ada sesiapa boleh berbahasa** アダ　ススィアパ ボレ　　ブルバハサ **Jepun (bahasa Inggeris)?** ジュプン　（バハサ　　イングリス）
宿泊カードに記入して下さい Would you fill in this registration form?	Sila isi　borang pendaftaran. スィラ イスィ ボラン　　プンダフタラン

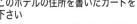

荷物を部屋に運んでもらえますか Would you have my baggage sent up?	**Tolong bawakan beg saya ke bilik.** トロン　パワカン　ベグ サヤ ク ビリッ
貴重品を預かってもらえますか Can you keep my valuables?	**Boleh simpankan barang berharga** ボレ　スィンパンカン　バラン　ブルハルガ **saya?** サヤ
レストランはどこにありますか Where is the restaurant?	**Di mana restoran?** ディ マナ　レストラン
朝食は何時からですか When do you start serving breakfast?	**Pukul berapa mula sarapan pagi?** プクル　ブラパ　ムラ　サラパン　パギ
私あての手紙（電報）が届いていますか Are there any letters (telegram) for me?	**Ada surat (telegram) untuk saya?** アダ　スラッ（テレグラム）　ウントゥッ サヤ
この手紙を航空（船）便で出して下さい Please send this letter by air (sea) mail.	**Tolong hantarkan surat ini** トロン　ハンタルカン　スラッ イニ **melalui udara (laut).** ムラルイ　ウダラ　（ラウッ）

到着が遅くなりますが、予約はそのままにして下さい I'll arrive late, but please keep my reservation.	**Saya sampai lambat, tapi tolong** サヤ　サンパイ　ランバッ　タピ　トロン **simpankan tempahan saya.** スィンパンカン　トゥンパハン　サヤ
もっと大きな（よい／安い）部屋はありませんか Do you have a bigger (better/ cheaper) room?	**Ada bilik yang lebih besar (bagus /** アダ　ビリッ ヤン　ルビ　ブサル　（バグス / **murah)?** ムラ）

ワードバンク

受付	reception / meja sambut tetamu レセプション / メジャ サンブッ トゥタム	支配人	pengurus プングルス
会計	cashier キャッシャー	勘定書	bil ビル
クローク	cloakroom クロークルーム	客室係	housekeeping ハウスキーピン
貴重品	barang berharga バラン　ブルハルガ	セーフティボックス	peti keselamatan プティ クスラマタン
荷物	beg ベグ	クレジットカード	kad kredit カッ クレディッ
部屋	bilik ビリッ	バルコニー	beranda ベランダ

部屋で In the Room　　　　　　　　　　　Di Bilik

　部屋に着いたら、荷物を持ってきてくれたベルボーイにチップを渡します。部屋の設備で分からないことがあれば、そのとき聞いてみます。在室中は必ずドアに鍵をかけておき、ノックをされても相手を確認するまでは開けないようにしましょう。最近のホテルでは自動式のモーニングコールが増えていますが、操作が分からないときはフロントに頼むのが無難です。

モーニングコールをお願いします I'd like a wake-up call, please.	Saya nak wake-up call. サヤ　ナッ　ウェークアップ コール
7時にお願いします At seven o'clock, please.	Pukul 7. プクル　トゥジュ
コーヒーをお願いします I'd like some coffee, please.	Saya nak kopi. サヤ　ナッ　コピ
どのくらい時間がかかりますか How long does it take?	Berapa lama? ブラパ　ラマ
できるだけ早くお願いします As soon as possible, please.	Secepat mungkin. スチュパッ　ムンキン
ちょっと待って下さい Just a moment, please.	Tunggu sebentar. トゥング　スブンタル
何も頼んでいません I didn't order anything.	Saya tak pesan apa-apa. サヤ　タッ プサン　アパアパ
お湯が出ないのですが There's no hot water.	Air panas tak ada. アイル パナス　タッ アダ
トイレが流れません The toilet doesn't flush.	Tandas tak boleh dipam. タンダス　タッ ボレ　ディパム
部屋に鍵を置き忘れました I left the room key in my room.	Saya tertinggal kunci di dalam bilik. サヤ　トゥルティンガル クンチ　ディ ダラム ビリッ
部屋を変えて下さい Would you give me a different room?	Tolong tukarkan bilik. トロン　トゥカルカン ビリッ
シャンプー（リンス）が欲しいのですが I'd like some shampoo (hair conditioner).	Saya nak syampu (perapi). サヤ　ナッ シャンプ　（プラピ）
蚊がいます。蚊帳をはって下さい There are mosquitoes. Please put up the mosquito net.	Ada nyamuk. Tolong pasangkan kelambu nyamuk. アダ ニャムッ　トロン　パサンカン クランブ　ニャムッ

75

ワードバンク

冷房	penghawa dingin プンハワ ディンギン			トイレットペーパー	kertas tandas クルタス タンダス	
鍵	kunci クンチ	タオル	tuala トゥアラ	バスタオル	tuala mandi トゥアラ マンディ	
ドライヤー	pengering rambut プングリン ランブッ			グラス	gelas グラス	
紅茶	teh テ	湯	air panas アイル パナス	故障	rosak ロサッ	
騒々しい	bising ビスィン	蚊	nyamuk ニャムッ	蚊取り線香	lingkaran ubat nyamuk リンカラン ウバッ ニャムッ	

部屋の設備

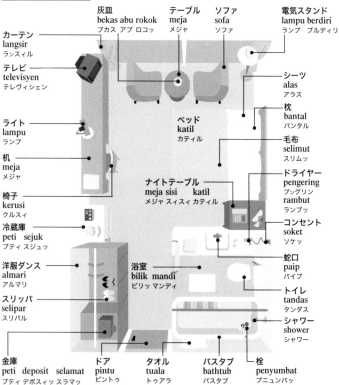

カーテン langsir ランスィル

テレビ televisyen テレヴィシェン

ライト lampu ランプ

机 meja メジャ

椅子 kerusi クルスィ

冷蔵庫 peti sejuk プティ スジュッ

洋服ダンス almari アルマリ

スリッパ selipar スリパル

灰皿 bekas abu rokok ブカス アブ ロコッ

テーブル meja メジャ

ソファ sofa ソファ

電気スタンド lampu berdiri ランプ ブルディリ

ベッド katil カティル

ナイトテーブル meja sisi katil メジャ スィスィ カティル

シーツ alas アラス

枕 bantal バンタル

毛布 selimut スリムッ

ドライヤー pengering rambut プングリン ランブッ

コンセント soket ソケッ

蛇口 paip パイプ

トイレ tandas タンダス

シャワー shower シャワー

金庫 peti deposit selamat プティ デポスィッ スラマッ

ドア pintu ピントゥ

浴室 bilik mandi ビリッ マンディ

タオル tuala トゥアラ

バスタブ bathtub バスタブ

栓 penyumbat プニュンバッ

●貴重品は、部屋の金庫かフロントのセーフティボックスに入れます。
●冷蔵庫の中は、基本的に有料です。チェックアウト時に支払います。

朝食 Breakfast　　　　　　　　　　　　　Sarapan

　ホテルではたいていテーブルごとにパン、バター、ジャムがすでにセットしてあり、スタッフがジュースを運んで来た時、コーヒーや紅茶の注文をとります。ホテルによってはセルフサービスのビュッフェ・スタイルもあります。ルームサービスで朝食がとれるホテルでは、あらかじめ前日の決められた時間までにオーダーしておきます。

部屋で　In the Room　　　　　　　　　　　Di Bilik

オレンジジュース、卵は2個、目玉焼きで、ハムとフライドポテトを付けて下さい。それから、コーヒーもお願いします I'd like orange juice, two eggs, sunny-side up, with ham and French fries, and coffee, please.	**Saya nak jus oren, 2 telur** サヤ　ナッ　ジュス オレン　ドゥア トゥルル **goreng, dengan ham dan kentang** ゴレン　ドゥンガン ハム　ダン クンタン **goreng. Dan juga kopi.** ゴレン　ダン ジュガ コピ
7時にお願いします At seven o'clock, please.	**Pada pukul 7.** パダ　プクル トゥジュ

レストランで　At the Restaurant　　　　　　Di Restoran

お部屋番号は何番ですか What is your room number?	Apa nombor bilik encik / cik? アパ　ノンボル　ビリッ ウンチッ / チッ
コーヒーをお持ちしますか Would you like some coffee?	Encik / Cik nak kopi? ウンチッ / チッ ナッ コピ
パン、スクランブルエッグ、フライドポテトそれと紅茶を下さい I'd like some bread, scrambled eggs, French fries and tea, please.	**Saya nak roti, telur masak hancur,** サヤ　ナッ ロティ トゥルル マサッ　ハンチュル **kentang goreng dan teh.** クンタン　ゴレン　ダン テ

ワードバンク

目玉焼き	telur goreng トゥルル ゴレン	スクランブルエッグ	telur masak hancur トゥルル マサッ ハンチュル		
ゆで卵	telur rebus トゥルル ルブス	トースト	roti bakar ロティ バカル	コーヒー	kopi コピ
紅茶	teh テ	牛乳	susu スス	バター	mentega ムンテガ
ジャム	jem ジェム	チーズ	keju ケジュ	ジュース	jus ジュス
ビュッフェ (バイキング)	bufet ブフェッ	フレンチトースト	roti telur goreng ロティ トゥルル ゴレン		
おかゆ	bubur nasi ブブル ナスィ	冷たい	sejuk スジュッ	温かい	panas パナス

77

ホテルマナー

■スリッパ、寝間着は室内だけ

ホテルは、部屋の中を除けば街なかと同じ公共のスペースです。廊下などを寝間着姿やスリッパのまま歩くのはマナー違反です。

■シャワーカーテンはバスタブの中に

バスルームにはバスタブとともにトイレ、化粧台があります。シャワーカーテンは、裾をバスタブの内側に入れて、水が飛び散らないようにします。

■足元にはバスマットを敷いて

バスタブの縁にかかっているバスマットは、タオルでできているものは足ふき用、ゴムのマットはバスタブの中に敷くすべり止めです。吸盤の付いている方が下になります。

■ドアロックは厳重に

在室中も、ドアの鍵はしっかりとかけましょう。押込み強盗などに備え、ドア・チェーンもかけて、ノックされても相手を確認してから開けるようにします。

■貴重品はフロントへ

貴重品は部屋に置かず、ホテルのフロントのセーフティボックスに預けるようにしましょう。

■オートロックに注意

ホテルの客室のドアはほとんどオートロックなので、鍵を部屋に置いたまま外に出ると、締め出されてしまうので注意して下さい。締め出された場合には、客室係かフロントに頼んで開けてもらいます。

■ドアプレートを有効活用

遅くまで寝ていたいときは、ドアの外側にJangan ganggu.のプレートをかけておきます。また、部屋を掃除してほしいときはTolong bersihkan bilik ini. のプレートをかけます。

チェックアウト Check-out　　　　　　Daftar Keluar

　なるべく前夜に荷づくりをしておきます。翌日部屋まで荷物を取りに来てくれるよう、前日にベルキャプテンに頼んでおくのもいいでしょう。部屋を出るときは忘れ物がないかどうかよく確認しましょう。

チェックアウトは何時ですか When is check-out time?	**Pukul berapa daftar keluar?** プクル　ブラパ　ダフタル　クルアル
〔ベルキャプテンに〕荷物をロビーまで降ろしてほしいのですが Could you bring my baggage down to the lobby?	**Tolong bawakan beg saya ke lobi.** トロン　バワカン　ベグ　サヤ　ク　ロビ
チェックアウトをお願いします I'd like to check out, please.	**Saya nak daftar keluar.** サヤ　ナッ　ダフタル　クルアル
★ この荷物を5時まで預かってもらえますか Could you keep my baggage until five o'clock?	**Tolong simpankan beg saya sampai** トロン　スィンパンカン　ベグ　サヤ　サンパイ **pukul 5.** プクル　リマ
預けた貴重品を出したいのですが I'd like my valuables back.	**Tolong ambilkan barang berharga** トロン　アンビルカン　バラン　ブルハルガ **saya.** サヤ
タクシーを呼んで下さい Could you call a taxi for me?	**Tolong panggilkan teksi.** トロン　パンギルカン　テクスィ
計算違いがあるようです I think there is a mistake in this bill.	**Saya rasa bil ini salah.** サヤ　ラサ　ビル　イニ　サラ
！ ミニバー(ルームサービス)は利用していません I didn't use the mini-bar (room service).	**Saya tak guna mini-bar (room** サヤ　タッ　グナ　ミニバル　(ルーム **service).** サーヴィス)
部屋に忘れ物をしました I left something in my room.	**Saya tertinggal barang di bilik.** サヤ　トゥルティンガル　バラン　ディ　ビリッ

ワードバンク

室料	**harga bilik** ハルガ　ビリッ	サービス料	**caj perkhidmatan** チャジ　ブルキドマタン
税金	**cukai** チュカイ	明細書	**penyata bil** プニャタ　ビル
領収書	**resit** レスィッ	忘れ物	**barang tertinggal** バラン　トゥルティンガル

食べる

Meals
Makan

案内・探す Information Mencari Dan Mendapatkan Maklumat

その街に不案内な場合は、とりあえず、市内の観光案内所やホテルのインフォメーションで聞いてみるとよいでしょう。レストランガイドなどをもらえるところもあります。高級店や人気のあるレストランで夕食をとる場合は、予約して出かけるのが無難です。

この近くのおいしいレストランを教えて下さい Could you recommend a nice restaurant near here?	**Boleh beritahu restoran yang sedap** ボレ　ブリタフ　レストラン　ヤン　スダフ **di sini?** ディ スィニ
この土地の名物料理が食べたいのですが I'd like to have some local food.	**Saya nak makan masakan** サヤ　ナッ　マカン　マサカン **tempatan.** トゥンパタン
あまり高くないレストランがいいです I want a restaurant with reasonable prices.	**Saya nak restoran yang tak begitu** サヤ　ナッ　レストラン　ヤン　タッ ブギトゥ **mahal.** マハル
ニョニャ料理を食べたいのですが I'd like to try some Nyonya food.	**Saya nak cuba masakan Nyonya.** サヤ　ナッ　チュバ マサカン　　ニョニャ
英語が通じる店を教えて下さい Could you recommend a restaurant, where I can communicate in English?	**Boleh beritahu saya restoran yang** ボレ　　ブリタフ　サヤ　レストラン　ヤン **boleh saya guna bahasa Inggeris?** ボレ　　サヤ　グナ　バハサ　イングリス
この時間でも開いているレストランはありますか Do you know of any restaurants that are open at this hour?	**Ada restoran yang masih dibuka** アダ　レストラン　ヤン　マスィ　ディブカ **sekarang?** スカラン

ワードバンク

営業時間	**waktu perniagaan** ワクトゥ プルニアガアン	マレー料理	**masakan Melayu** マサカン　ムラユ
ニョニャ料理	**masakan Nyonya** マサカン　ニョニャ	インド料理	**masakan India** マサカン　インディア
中国料理	**masakan Cina** マサカン　チナ	日本料理	**masakan Jepun** マサカン　ジュプン
窓ぎわの席	**tempat duduk sebelah tingkap** トゥンパッドゥドゥッ スブラ　ティンカプ	角の席	**tempat duduk di penjuru** トゥンパッドゥドゥッ ディ プンジュル

予約 Reservation

Tempahan

レストランに予約を入れるときは、時間、人数、名前をはっきりと伝えます。また、服装のきまり（ドレスコード）や支払いにカードが使えるかなども予約のときに聞いておくと安心です。席の希望も予約のときに頼んでおきましょう。大衆食堂などでは予約は不要です。

予約

もしもし、レストラン・スリ・マライユですか Hello. Is this the Restaurant Seri Melayu?	**Helo, ini Seri Melayu?** ヘロ　イニ スリ　ムラユ
予約が必要ですか Do I need a reservation?	**Perlukah saya membuat** プルルカ　サヤ　ムンブアッ **tempahan?** トゥンパハン
予約をしたいのですが I'd like to make a reservation.	**Saya nak buat tempahan.** サヤ　ナッ ブアッ トゥンパハン
今晩7時に6人で予約したいのですが I'd like to reserve a table for six at seven tonight.	**Saya nak menempah meja untuk** サヤ　ナッ ムヌンパ　　メジャ ウントゥッ **6　orang pada pukul 7** ウナム オラン　パダ　プクル　トゥジュ **malam ini.** マラム　イニ
あいにく本日はたいへん混んでおります I'm sorry, we are packed tonight.	**Maaf encik / cik, kami penuh** マアフ ウンチッ / チッ カミ　プヌ **malam ini.** マラム　イニ
どのくらい待ちますか How long will we have to wait?	**Berapa lama perlu saya tunggu?** ブラパ　　ラマ　プルル サヤ　トゥング
何時なら席をとれますか What time can we reserve a table?	**Pukul berapa boleh saya dapat** プクル　ブラパ　ボレ　サヤ ダパッ **meja?** メジャ
9時ならとれますが Nine o'clock should be O.K.	**Pukul 9　　　boleh.** プクル　スンビラン ボレ

遅い時間でもいいのですが We don't mind if it's late.	**Saya tak kisah kalau waktu lewat.** サヤ　タッ キサ　カラウ　ワクトゥ　レワッ
ラストオーダーは何時ですか What time are the last orders?	**Pukul berapa pesanan terakhir?** プクル　ブラパ　プサナン　トゥルアキル
はい、大丈夫です。お名前を That's fine. Can I have your name, please?	**Baiklah. Nama encik / cik?** バイッラ　ナマ　ウンチッ / チッ
<u>山下</u>です。<u>エクアトリアル・ホテル</u>に滞在しています My name is <u>Yamashita</u>. I'm staying at the <u>Hotel Equatorial</u>.	**Nama saya <u>Yamashita</u>. Saya** ナマ　サヤ　ヤマシタ　サヤ **duduk di <u>Hotel Equatorial</u>.** ドゥドゥッ ティ ホテル　エクアトリアル
服装のきまりはありますか Is there a dress code?	**Ada kod pakaian?** アダ　コッ　パカイアン
そこへどうやって行くのですか How can I get there?	**Macam mana nak ke sana?** マチャム　マナ　ナック サナ
クレジットカードは使えますか Do you accept credit cards?	**Boleh saya pakai kad kredit?** ボレ　サヤ　パカイ　カッ　クレディッ
車椅子で入れますか Is it wheelchair accessible?	**Kerusi roda boleh masuk?** クルスィ　ロダ　ボレ　マスッ
子供連れでも大丈夫ですか Can we go with children?	**Boleh masuk dengan kanak-kanak?** ボレ　マスッ　ドゥンガン カナッカナッ
ベジタリアンメニューはありますか Do you have a vegetarian menu?	**Ada menu vegetarian?** アダ　メヌ　ヴェジュタリアン

<u>8</u>時に予約した<u>佐藤</u>です。すみません。予約を取り消したいのですが I had a reservation for eight o'clock under the name of <u>Sato</u>. Unfortunately, I have to cancel this.	**Saya ada tempahan pada pukul** サヤ　アダ　トゥンパハン　パダ　プクル **8 di atas nama Sato. Saya nak** ラパン ディ アタス ナマ　サトゥ サヤ　ナッ **batalkan tempahan itu.** バタルカン　トゥンパハン　イトゥ
予約の人数を変更したいのですが I'd like to change the number of people that I have made a reservation for.	**Saya nak tukar jumlah orang** サヤ　ナッ トゥカル ジュムラ　オラン **untuk tempahan saya.** ウントゥットゥンパハン　サヤ
<u>4</u>名を<u>6</u>名に変更して下さい Please change it from <u>four</u> to <u>six</u> people.	**Tolong tukarkan dari 4 orang** トロン　トゥカルカン ダリ　ウンパッ オラン **kepada 6 orang.** クパダ　ウナム オラン
予約時間に遅れそうです We're afraid we'll be late.	**Kami akan lambat sedikit.** カミ　アカン　ランバッ　スディキッ

レストランで At the Restaurant　　　Di Restoran

　マレーシアのレストランでは、一般にドレスコードには寛容で、清潔感のある服装ならカジュアルでも問題はありません。ただし、一部の高級レストランでは、ジーンズやサンダルでは入店できないところもあります。料金にはサービス料が含まれているので、チップは不要ですが、RM1～2程度は残していくのがスマートでしょう。

着席　Taking a Seat　　　Mendapatkan Tempat Duduk

こんばんは。予約してある田中です Good evening. I have a reservation. My name is <u>Tanaka</u>.	**Selamat malam. Saya ada** スラマッ　マラム　サヤ　アダ **tempahan. Nama saya <u>Tanaka</u>.** トゥンパハン　ナマ　サヤ　<u>タナカ</u>
★ 窓ぎわの席をお願いします I'd like a table by the window.	**Saya nak meja sebelah tingkap.** サヤ　ナッ　メジャ　スブラ　ティンカプ
すみの席がよいのですが Can we have a table in the corner?	**Saya nak meja di penjuru.** サヤ　ナッ　メジャ　ディ　プンジュル

予約なしの場合　Without a Reservation　　　Tanpa Tempahan

こんばんは。2人ですが席はありますか Good evening. Do you have a table for <u>two</u>?	**Selamat malam. Ada meja untuk** スラマッ　マラム　アダ　メジャ　ウントゥッ **2　orang?** ドゥア　オラン
あいにく満席なのでお待ちいただくことになりますが We are full at the moment. Do you mind waiting?	**Kami penuh sekarang. Encik / Cik** カミ　プヌ　スカラン　ウンチッ / チッ **boleh tunggu?** ボレ　トゥング
どのくらい待ちますか How long will we have to wait?	**Berapa lama perlu saya tunggu?** ブラパ　ラマ　プルル　サヤ　トゥング
30分ほどで席が空くと思います I think we can get you a table in <u>30</u> minutes.	**Saya rasa dalam 30　　minit ada** サヤ　ラサ　ダラム　ディガブル　ミニッ　アダ **meja kosong.** メジャ　コソン
では待ちます All right. We'll wait.	**Baiklah. Saya tunggu.** バイッラ　サヤ　トゥング
またにします We'll come back later.	**Saya datang kemudian.** サヤ　ダタン　クムディアン

オーダー Ordering | Membuat Pesanan

★ メニューを下さい May I see the menu, please?	**Saya nak tengok menu.** サヤ　ナッ　テンゴッ　メヌ
★ 注文をお願いします I'd like to order.	**Saya nak buat pesanan.** サヤ　ナッ　ブアッ　プサナン
<u>日本語（英語）</u>のメニューはありますか Do you have a menu in <u>Japanese</u> (English)?	**Ada menu dalam bahasa Jepun** アダ　メヌ　ダラム　バハサ　ジュプン **(bahasa Inggeris)?** （バハサ　イングリス）
このレストランにはアルコール類はありますか Do you serve any alcohol at this restaurant?	**Restoran ini ada arak?** レストラン　イニ　アダ　アラッ
取り皿をもらえますか May I have small plates, please?	**Saya nak pinggan kecil.** サヤ　ナッ　ピンガン　クチル
<u>地元のビール</u>はありますか Do you have some <u>local beer</u>?	**Ada bir tempatan?** アダ　ビル　トゥンパタン
おすすめの料理はどれですか What do you recommend?	**Apa yang sedap di sini?** アパ　ヤン　スダプ　ディ スィニ
セットメニューはありますか Do you have a set menu?	**Ada menu set?** アダ　メヌ　セッ
土地の名物料理はありますか Do you have any local dishes?	**Ada masakan tempatan?** アダ　マサカン　トゥンパタン
何か早くできる物はありますか Do you have anything that can be prepared quickly?	**Ada masakan yang boleh siap** アダ　マサカン　ヤン　ボレ　スィアプ **cepat?** チュパッ
これは何ですか What is this?	**Ini apa?** イニ　アパ
おすすめの<u>ニョニャ料理</u>（マレー料理）はありますか Could you recommend some dishes of <u>Nyonya food</u> (Malay food)?	**Apa masakan Nyonya (masakan** アパ　マサカン　ニョニャ　（マサカン **Melayu) yang sedap?** ムラユ）　ヤン　スダプ
あれと同じ料理を下さい Can I have the same as that?	**Saya nak yang sama macam itu.** サヤ　ナッ　ヤン　サマ　マチャム　イトゥ

レストランで

（メニューを指して）これを下さい
I'd like this.

Saya nak yang ini.
サヤ　ナッ　ヤン　イニ

脂肪（塩／砂糖）を含む物は食べられないのです
I have to avoid food containing fat (salt/sugar).

Saya tak boleh makan makanan
サヤ　タッ　ボレ　マカン　マカナン
yang ada lemak (garam / gula).
ヤン　アダ　ルマッ　（ガラム　／　グラ）

あまり辛くしないで下さい
Can you make it mild?

Boleh kurang pedas?
ボレ　クラン　プダス

辛くない料理はどれですか
Which dishes are not spicy?

Yang mana tak pedas?
ヤン　マナ　タッ　プダス

どうやって食べるのですか
Could you tell me how to eat this?

Macam mana nak makan ini?
マチャム　マナ　ナッ　マカン　イニ

| 食事中 During Dinner | Semasa Makan |

食べ方を教えて下さい
Could you tell me how to eat this?

Macam mana nak makan?
マチャム　マナ　ナッ　マカン

塩（コショウ）をとって下さい
Could you pass me the salt (pepper)?

Tolong ambilkan garam (lada
トロン　アンビルカン　ガラム　（ラダ
hitam).
ヒタム）

とてもおいしいです
This is very good.

Sedap.
スダプ

パンをもう少し下さい
May I have some more bread, please?

Saya nak roti lagi sikit.
サヤ　ナッ　ロティ　ラギ　スィキッ

ミネラルウォーターを下さい
May I have a bottle of mineral water?

Saya nak air mineral.
サヤ　ナッ　アイル　ミネラル

炭酸なし（入り）のものをお願いします
Uncarbonated (Carbonated) mineral water, please.

Saya nak yang tak berkarbonat
サヤ　ナッ　ヤン　タッ　ブルカルボナッ
(berkarbonat).
（ブルカルボナッ）

小皿を下さい May I have a small plate, please?	**Saya nak pinggan kecil.** サヤ　ナッ　ピンガン　クチル
もうおなかいっぱいです I've eaten too much. I'm full.	**Saya dah kenyang.** サヤ　ダ　クニャン
とても辛い（甘い）です It's very spicy (sweet).	**Sangat pedas (manis).** サンガッ　プダス　（マニス）
デザートには何がありますか What do you have for dessert?	**Ada pencuci mulut?** アダ　プンチュチ　ムルッ
デザートに果物をもらえますか Can I have some fruit for dessert?	**Ada buah-buahan?** アダ　ブアブアハン
チーズを少し下さい I'd like some cheese, please.	**Saya nak keju.** サヤ　ナッ　ケジュ
コーヒーはコースに含まれているのですか Is coffee included with the meal?	**Ada kopi dalam set ini?** アダ　コピ　ダラム　セッイニ
料理を持ち帰ってもいいですか I'd like to take this food home with me.	**Saya nak bungkus.** サヤ　ナッ　ブンクス

もっと明るい席はありませんか I'd like a seat with better lighting.	**Saya nak tempat duduk yang terang.** サヤ　ナッ　トゥンパッ　ドゥドゥッ　ヤン　トゥラン
料理がまだ来ません My order hasn't come yet.	**Makanan tak sampai lagi.** マカナン　タッ　サンパイ　ラギ
これは私が注文したものではありません I didn't order this.	**Saya tak pesan yang ini.** サヤ　タッ　プサン　ヤン　イニ
まだ来ていない料理があるのですが Part of our order still hasn't come.	**Ada lagi pesanan kami yang tak sampai.** アダ　ラギ　プサナン　カミ　ヤン　タッ　サンパイ
スプーン（フォーク）を落としてしまいました I dropped my spoon (fork).	**Sudu (Garfu) saya terjatuh.** スドゥ　（ガルフ）　サヤ　トゥルジャトゥ
ちょっと火が通っていないようです This hasn't been cooked all the way through.	**Ini tak cukup masak.** イニ　タッ　チュクプ　マサッ

メニューを読む　Menu　　　　　Membaca Menu

多民族国家のマレーシアでは、マレー料理、中国料理、インド料理など、バラエティに富んだ本格的な料理が楽しめます。高級レストランから大衆食堂、屋台まで、街中にはさまざまな店があります。一般的なレストランの営業時間は、昼は12時〜14時30分、夜は18時〜22時30分などですが、終日営業する店もあります。屋台は朝だけの店もあれば、昼間も通して営業する店、夕方から深夜だけの店とさまざまです。屋台や大衆食堂はもちろん、一般のレストランも、一部を除いて通常は予約不要です。ただし、民族舞踊やショーを観賞する高級レストランやディスコ、あるいはパブを兼ねたレストラン、ホテルのハイティーの場合は予約しましょう。

サラダ Salad サラド

| rojak ロジャッ | マレーサラダ（ロジャック） | rojak buah ロジャッ ブア | 甘辛ソースのフルーツサラダ |
| rojak tauhu ロジャッ タウフ | 豆腐サラダ | rojak tauhu telur ロジャッ タウフ トゥルル | 豆腐玉子巻きサラダ | ulam ウラム | 野菜サラダ |

前菜 Pembuka Selera プンブカ スレラ

| ikan bilis イカン ビリス | いりこ | keropok クロポッ | クルポ |
| keropok lekor クロポッ ルコル | マレーシア風さつま揚げ | keropok udang クロポッ ウダン | エビすり身揚げ | popia basah ポピア バサ | 生春巻 |

スープ Sup スプ

| soto ayam ソト アヤム | 鶏肉のスパイシースープ | sup ekor スプ エコル | オックステール・スープ |
| sup ikan スプ イカン | 魚のスープ | sup tom yam スプ トム ヤム | トムヤムクン |

マレー料理 Masakan Melayu マサカン ムラユ

ご飯・麺 Nasi / Mi ナスィ / ミ

bihun goreng ビフン ゴレン	焼きビーフン	laksa Penang ラクサ ペナン	ラクサ・ペナン（魚系スープの麺料理）
mi goreng ミ ゴレン	ミー・ゴレン（焼きそば）	nasi campur ナスィ チャンプル	ナシ・チャンプル（まぜご飯）
nasi goreng ナスィ ゴレン	ナシ・ゴレン（焼飯）	nasi lemak ナスィ ルマッ	ココナッツミルクご飯	pulut kuning プルッ クニン	プルッ・クニン（蒸しもち米）

野菜料理 Lauk Sayur ラウッ サユル

| cili kangkung チリ カンクン | ピリ辛空心菜炒め | sayur goreng サユル ゴレン | 野菜炒め | tauhu sumbat タウフ スンバッ | 野菜詰め厚揚げ豆腐 |

・メニューはアルファベット順になっています。

肉料理 Lauk Daging
ラウッ ダギン

ayam goreng アヤム ゴレン	鶏肉の唐揚げ	ayam masak kicap アヤム マサッ キチャプ	鶏肉のしょうゆ炒め
daging lemak cili padi ダギン ルマッ チリ パディ	ピリ辛牛肉煮込み	sate サテ	サテー（串焼き）

魚料理 Lauk Ikan
ラウッ イカン

gulai ikan グライ イカン	魚の煮込み	ikan bakar イカン バカル	焼き魚
ikan bilis goreng イカン ビリス ゴレン	小魚の素揚げ	ikan goreng イカン ゴレン	揚げ魚
ikan goreng berlada イカン ゴレン ブルラダ	魚のチリソースがけ	kari ikan カリ イカン	魚のカレー

ニョニャ料理 Masakan Nyonya
マサカン ニョニャ

asam udang アサム ウダン	エビの甘酢ソース	ayam pongteh アヤム ポンテ	鶏肉の煮込み
ikan goreng berkuah cili イカン ゴレン ブルクア チリ	魚の唐揚げ チリソース煮	otak-otak オタッオタッ	オタオタ （魚のすり身の蒸し焼き）
rojak Nyonya ロジャッ ニョニャ	ニョニャ風サラダ	sotong goreng berlada ソトン ゴレン ブルラダ	ピリ辛イカ炒め

中国料理 Masakan Cina
マサカン チナ

bak kut teh バッ クッテ	バクテー （肉骨茶）	dim sum ディムスム	点心	hor fun ホルフン	ワンタンホー （滑蛋河）
kepak ayam bakar クパッ アヤム バカル	手羽先のロースト	mi udang ミ ウダン	エビラーメン（蝦麺）		
mi wantan ミ ワンタン	ワンタン麺（雲呑麺）	nasi ayam ナスィ アヤム	鶏飯（チキンライス）		

インド料理 Masakan India
マサカン インディア

ayam tandoori アヤム タンドリ	タンドリー・チキン	kari dal カリ ダル	レンズ豆のカレー
kari kepala ikan カリ クパラ イカン	フィッシュ・ヘッドカレー	nasi beriani ナスィ ブリアニ	鶏肉の炊き込みご飯
roti canai ロティ チャナイ	ロティ・チャナイ	roti nan ロティ ナン	ナン

デザート・菓子 Pencuci Mulut / Kuih-muih
プンチュチ ムルッ / クイムイ

air batu campur アイル バトゥ チャンプル	ミックスかき氷	dodol ドドル	マレーシア風ういろう
karipap カリパプ	カレーパン	keria クリア	サツマイモのドーナツ
kuih koci クイ コチ	ヤシ砂糖とココナッツミルク入り餅	seri muka スリ ムカ	緑と白の二層餅

89

ドリンク　Minuman
ミヌマン

air asam jawa アイル アサム ジャワ	タマリンドジュース	air biji selasih アイル ビジ スラスィ	バジルシードジュース
air mata kucing アイル マタ クチン	リュウガンジュース	air tebu アイル トゥブ	サトウキビジュース
bir ビル	ビール	kopi susu コピ スス　練乳入りコーヒー	milo ミロ　ミロ

その他の飲み物　Minuman Lain
ミヌマン　ライン

air アイル	水	air masak アイル マサッ	湯ざましの水
air mineral アイル ミネラル	ミネラルウォーター	air panas アイル パナス	湯
arak アラッ	酒	jus ジュス　ジュース	kopi コピ　コーヒー
teh テ	紅茶	susu スス　牛乳	wain ワイン　ワイン

フルーツ　Buah-buahan
ブアブアハン

belimbing ブリンビン	スターフルーツ	buah naga ブア ナガ　ドラゴンフルーツ	buah nona ブア ノナ　カスタードアップル
durian ドゥリアン	ドリアン	kelapa クラパ　ココナッツ	laici ライチ　ライチ
langsat ランサッ	ランサ	mangga マンガ　マンゴー	manggis マンギス　マンゴスチン
markisa マルキサ	パッションフルーツ	nanas ナナス　パイナップル	papaya パパヤ　パパイヤ
pisang ピサン	バナナ	rambutan ランブタン　ランブータン	

食材　Barang Makanan
バラン　マカナン

野菜　Sayur-sayuran
サユルサユラン

bawang besar バワン ブサル	タマネギ	bawang putih バワン プティ　ニンニク	cili チリ　トウガラシ
jagung ジャグン	トウモロコシ	kangkung カンクン　空心菜	kentang クンタン　ジャガイモ
kubis クビス	キャベツ		lobak merah ロバッ メラ　ニンジン
pucuk ubi プチュッ ウビ	キャッサバの若葉		terung トゥルン　ナス

肉類　Daging
ダギン

bahu バフ	肩肉	dada ダダ　胸肉	daging ayam ダギン アヤム　鶏肉

daging babi ダギン バビ	豚肉	daging batang pinang ダギン バタン ピナン	サーロイン		
daging belakang ダギン ブラカン	ヒレ	daging lembu ダギン ルンブ	牛肉	daging rusuk ダギン ルスッ	リブロース
filet dada フィレッ ダダ	ササミ	hati ハティ	レバー	kepak クパッ	手羽
loin ロイン	ロース	paha パハ	モモ	telur トゥルル	卵

魚介類	**Makanan Laut** マカナン ラウッ				
bebola ikan ブボラ イカン	魚肉団子	belut ブルッ	ウナギ	ikan イカン	魚
ikan keli イカン クリ	ナマズ	ketam クタム	カニ	sotong ソトン	イカ
tiram ティラム	カキ	udang ウダン	エビ	udang karang ウダン カラン	ロブスター

屋台料理	**Makanan Gerai** マカナン グライ				
bubur nasi ブブル ナスィ	おかゆ	lobak ロバッ	ロバッ（揚げ湯葉巻）	nasi ayam Hainan ナスィ アヤム ハイナン	海南鶏飯
nasi Pataya ナスィ パタヤ	マレーシア風 オムライス	roti sardin ロティ サルディン	マレーシア風 イワシパン	yong tau fu ヨン タウフ	おでん

調味料	**Rempah Ratus** ルンパ ラトゥス				
buah pala ブア パラ	ナツメグ	cuka チュカ	酢	garam ガラム	塩
gula グラ	砂糖	kicap キチャプ	しょうゆ	kicap manis キチャプ マニス	甘口しょうゆ
lada hitam ラダ ヒタム	コショウ	mayones マヨネス	マヨネーズ	mentega ムンテガ	バター
minyak ミニャッ	油	sambal belacan サンバル ブラチャン	エビ風味の唐辛子ペースト		
santan サンタン	ココナッツミルク	sos tomato ソス トマト	トマトケチャップ		

味覚	**Rasa** ラサ				
berempah ブルンパ	スパイシー	berminyak ブルミニャッ	脂っこい	manis マニス	甘い
masam マサム	すっぱい	masin マスィン	塩辛い	pahit パヒッ	苦い	pedas プダス	辛い

調理法	**Cara-cara Memasak** チャラチャラ ムマサッ				
bakar バカル	焼く	campur チャンプル	混ぜる	goreng ゴレン	揚げる
kukus ククス	蒸す	rebus ルブス	茹でる	tumis トゥミス	炒める

大衆食堂・屋台　Food Court/Stall　　Kedai Kopi / Gerai

街中を歩くと、クダイ・コピ **Kedai Kopi**、中国語で茶室、インド・タミール語でママッ・ストール **Mamak Stall** と書かれた大衆食堂を各所で目にすることができます。屋台も人気で、どの街にもたいてい1ヶ所はあり、地元の人たちで賑わいます。マレー料理、中国料理、インド料理など、それぞれの屋台があるので、いろいろな味を楽しんでみましょう。アルコール類は、イスラム教徒は飲まないこともあり、少々高めです。

ここに座っていいですか Can I sit here?	**Boleh duduk sini?** ボレ　ドゥドゥッスィニ
名物料理は何ですか What is the local dish?	**Apa masakan tempatan?** アパ　マサカン　トゥンパタン
頼んだ料理がまだ来ていません My order hasn't come yet.	**Pesanan saya tak sampai lagi.** プサナン　サヤ　タッ　サンパイ　ラギ
ナシ・ゴレン（炒飯）（ナシ・アヤム（鶏飯）／ミー・ゴレン（焼きそば）を下さい Nasi goreng (Nasi ayam/Mi goreng), please.	**Saya nak nasi goreng (nasi ayam /** サヤ　ナッ　ナスィ　ゴレン　（ナスィ　アヤム / **mi goreng).** ミ　ゴレン）
これは何ですか What is this?	**Apa ini?** アパ　イニ
残ったものを包んで下さい Wrap the rest, please.	**Tolong bungkus.** トロン　ブンクス
フィッシュ・ヘッドカレーはありますか Do you have fish head curry?	**Ada kari kepala ikan?** アダ　カリ　クパラ　イカン
もうひとつ下さい Can I have another one, please?	**Saya nak lagi satu.** サヤ　ナッ　ラギ　サトゥ
氷は入れないで下さい No ice, please.	**Tanpa ais.** タンパ　アイス

コーヒーを下さい Coffee, please.	**Saya nak kopi.** サヤ　ナッ　コピ
砂糖を入れて下さい Add sugar, please.	**Dengan gula.** ドゥンガン　グラ
この土地の飲み物はありますか Is there a local drink?	**Ada minuman tempatan?** アダ　ミヌマン　トゥンパタン
アルコール類は置いていますか Do you have any alcohol?	**Ada arak?** アダ　アラッ
ビールを下さい Beer, please.	**Saya nak bir.** サヤ　ナッ　ビル
もう1杯お願いします May I have another one, please?	**Saya nak lagi satu.** サヤ　ナッ　ラギ　サトゥ
この料理は辛いですか Is this food hot?	**Masakan ini pedas?** マサカン　イニ　プダス
料理の味はどうですか？ How's the food?	**Apa rasanya?** アパ　ラサニャ
おいしいです This is good.	**Sedap.** スダプ
辛味が足りません It's not spicy enough.	**Tak cukup pedas.** タッ　チュクプ　プダス
甘すぎます It's too sweet.	**Terlalu manis.** トゥルラル　マニス

マレーシアのトロピカル・フルーツ

ランサ
Langsat
丸い房状で、みずみずしく、甘酸っぱいが多少苦味がある。淡黄色。

スターフルーツ
Belimbing
切り口が星形の果実で、さっぱりとした味。緑黄色でビタミンが豊富。

ランブータン
Rambutan
赤い毛の生えた奇妙な外見をしているが、果肉は半透明で甘く美味。

ドリアン
Durian
強烈な匂いをもつ熱帯果実の王様。薄緑色で果肉は柔らかい。

ジャックフルーツ
Nangka
40〜50kgにもなる巨大な果実で、強く甘い香り。緑色で果肉は黄色。

マンゴスチン
Manggis
上品な酸味と独特な甘みで人気の果実。赤褐色で白い果肉。

支払い Payment — **Bayaran**

食事が終わったら、手を上げてウェイターを呼び、勘定書を持ってくるように頼みます。勘定書に税金とサービス料が含まれている場合は、チップは不要ですが、料理に感激したり、サービスに満足できたら、RM1〜2程度は残していくのがスマートです。

★ お勘定をお願いします Check, please.	**Saya nak bil.** サヤ　ナッ　ビル
とてもおいしかったです It was very good.	**Sedap.** スダプ
ここで払えますか Can I pay here?	**Boleh saya bayar sini?** ボレ　サヤ　バヤル　スィニ
どこで払うのですか Where shall I pay the bill?	**Bayar di mana?** バヤル　ディマナ
クレジットカードは使えますか Do you accept credit cards?	**Boleh saya pakai kad kredit?** ボレ　サヤ　パカイ　カッ　クレディッ
領収書を下さい May I have a receipt, please?	**Saya nak resit.** サヤ　ナッ　レスィッ
お勘定は部屋につけて下さい Will you charge it to my room, please?	**Tolong caj ke bilik saya.** トロン　チャジク　ビリッ　サヤ
この料金は何ですか What is this amount for?	**Ini bayaran apa?** イニ バヤラン　アパ
このメニューはキャンセルしました I canceled this item.	**Saya sudah batalkan pesanan ini.** サヤ　スダ　バタルカン　プサナン　イニ
! おつりが足りないようです I don't think I've received all my change.	**Baki saya tak cukup.** バキ　サヤ　タッ　チュクプ
おつりをもらっていません I haven't received my change.	**Saya tak dapat baki.** サヤ　タッ　ダパッ　バキ

ワードバンク

勘定書	bil ビル	領収書	resit レスィッ
サービス料	caj perkhidmatan チャジ プルキドマタン	おつり	baki バキ
税込み	termasuk cukai トゥルマスッ チュカイ	税未加算	sebelum cukai スブルム チュカイ

エンターテインメント

Entertainment
Hiburan

伝統音楽　Traditional Music　　**Muzik Tradisional**

　多民族国家であるマレーシアでは、それぞれの民族特有の音楽が、独特な継承と発展をして現在に至っています。まさに多種多様で、外国人旅行者にも興味をもつ人が少なくないようです。古くから伝わる伝統音楽から欧米でも人気のポップスまで、街には今日もさまざまな音楽があふれています。

どんなジャンルの音楽が好きですか What kind of music do you like?	**Suka jenis muzik apa?** スカ　ジュニス ムズィッ アパ
マレー系（中国系／インド系）の 音楽はどこで聴けますか Where can I hear traditional Malay (Chinese/Indian) music?	**Di mana boleh saya dengar** ディ マナ　ボレ　サヤ　ドゥンガル **muzik Melayu (Cina / India)?** ムズィッ ムラユ　（チナ ／ インディア）
これは何の楽器ですか What kind of instrument is this?	**Apa alat muzik ini?** アパ　アラッ ムズィッ イニ
マレーシア伝統音楽の公演はどこで 行われますか Where is there a Malaysian traditional music concert?	**Di mana ada persembahan muzik** ディ マナ　アダ　ブルスンバハン　ムズィッ **tradisional Malaysia?** トラディスィオナル マレイスィア
まだ切符は手に入りますか Is it still possible to get tickets?	**Masih boleh dapatkan tiket?** マスィ　ボレ　ダパッカン　ティケッ

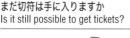

ワードバンク

古典音楽	muzik klasik ムズィックラスィッ	現代音楽	lagu moden ラグ モデン	ソンポトン （楽器）	sompoton ソンポトン
ダンドゥット （大衆音楽）	dangdut ダンドゥッ	劇場	panggung パングン	映画館	panggung wayang パングン ワヤン
客席	tempat duduk penonton トゥンパッ ドゥドゥッ プノントン			入場券	tiket masuk ティケッ マスッ
歌手	penyanyi プニャニ	俳優	pelakon プラコン	女優	pelakon wanita プラコン ワニタ
				監督	pengarah プンガラ

ネイチャー・ツアー　Nature tour　　**Kembara Hutan**

　マレーシアには世界一多様な野生生物が生息する熱帯雨林があり、国立公園に指定され、保護されています。その森林の生態系を破壊せず、保護しながら、観察・体験をするのがエコ・ツアーです。ジャングルを歩くミニトレッキングや、張り巡らされた桟道を伝い歩くキャノピー・ウォークなどで、マレーシアならではのすばらしい自然に触れてみましょう。

キャノピー・ウォークに参加したいのですが I want to take part in the Canopy Walk.	**Saya nak ikut titian　kanopi.** サヤ　ナッ　イクッ ティティアン カノピ
ナイト・ウォークの服装（履き物）は何を用意したらいいですか What kind of clothes (shoes) should I wear for night-walking?	**Baju (Kasut) apa yang patut　saya** バジュ（カスッ）　アパ ヤン　　パトゥッ サヤ **pakai untuk　treking malam?** パカイ　ウントゥッ トレキン　マラム
少し疲れました I'm a bit tired.	**Penat sikit.** プナッ　スィキッ
あそこに見える<u>動物</u>（鳥／昆虫／花）は何ですか I see an animal (a bird/an insect/a flower) over there. What is it?	**Apa binatang (burung / serangga /** アパ　ビナタン　（ブルン　／ スランガ　／ **bunga) itu?** ブンガ）　イトゥ
さわっても大丈夫ですか Is it OK if I touch it?	**Boleh saya sentuh?** ボレ　　サヤ　セントゥ

ワードバンク

オランウータン	**orang utan** オラン　ウタン	テングザル	**monyet Belanda** モニェッ ブランダ
シルバー・リーフ・モンキー	**lutung** ルトゥン	テナガザル	**ungka** ウンカ
ボルネオゾウ	**gajah Borneo** ガジャ ボルネオ	イリエワニ	**buaya tembaga** ブアヤ トゥンバガ
サイチョウ	**burung enggang** ブルン　エンガン	オオコウモリ	**keluang** クルアン
ラフレシア	**rafflesia** ラフレスィア	ウツボカズラ	**periuk monyet** プリウッ モニェッ

観光する

Sightseeing
Melancong

観光案内所で At Tourist Information   Di Pusat Penerangan Pelancong

　外国人旅行者の玄関口となるクアラルンプールやコタ・キナバルの国際空港はもちろんのこと、各所に点在するアイランド・リゾート、主要都市には、マレーシア政府観光局や地元の観光案内所があります。目印は緑地に「i」の文字を配したプレート。無料のパンフレットや地図、ホテルリストなどが置かれているので、資料集めに立ち寄ってみましょう。ホテルの予約やツアーのサポートをお願いできるところもあります。

この町の観光案内パンフレットはありますか Do you have a sightseeing brochure for this town?	**Ada risalah melancong untuk** アダ　リサラ　ムランチョン　ウントゥッ **bandar ini?** バンダル　イニ
★ 無料の市街地図はありますか Do you have a free city map?	**Ada peta bandar yang percuma?** アダ　ブタ　バンダル　ヤン　ブルチュマ
市内交通の路線図を下さい I'd like a route map of the city traffic.	**Saya nak peta untuk** サヤ　ナッ　ブタ　ウントゥッ **pengangkutan awam.** ブンガンクタン　アワム
建築に興味があるのですが I'm interested in architecture.	**Saya berminat pada seni bina.** サヤ　ブルミナッ　パダ　スニ　ビナ
買物をしたいのですが、繁華街はどの辺ですか I'd like to go shopping. Where is the downtown area?	**Saya nak pergi membeli-belah. Di** サヤ　ナッ　ブルギ　ムンブリブラ　　　ディ **mana pusat bandar?** マナ　ブサッ　バンダル
この写真の場所はどこですか Where was this picture taken?	**Di mana gambar ini diambil?** ディ マナ　ガンバル　イニ ディアンビル
市内を見渡せるところはありませんか Is there a good place to get a panoramic view of the city?	**Di mana boleh saya lihat** ディ マナ　ボレ　サヤ　リハッ **pemandangan bandar?** ブマンダンガン　　バンダル
ここから遠いですか Is it far from here?	**Jauh dari sini?** ジャウ ダリ スィニ
LRT で行けますか Can I go there by LRT?	**Boleh saya pergi dengan LRT?** ボレ　　　サヤ　ブルギ　ドゥンガン エルアールティ

97

ここから歩いて行けますか Can I walk there from here?	**Boleh saya jalan kaki ke sana?** ボレ　サヤ　ジャランカキ　ク　サナ
歩いて何分くらいですか How long does it take to get there on foot?	**Berapa lama kalau saya jalan kaki?** ブラパ　ラマ　カラウ　サヤ　ジャラン カキ
日帰りで行けるところがあったら教えて下さい Could you recommend some day trips?	**Ada tempat yang bagus untuk lawatan balik hari?** アダ　トゥンパッヤン　バグス　ウントゥッ ラワタン　バリッ　ハリ
★ここで予約できますか Can I make a reservation here?	**Boleh saya buat tempahan di sini?** ボレ　サヤ　ブアットゥンパハン　ディ スィニ
ここで切符が買えますか Can I buy a ticket here?	**Boleh saya beli tiket di sini?** ボレ　サヤ　ブリ　ティケッディ スィニ

★マスジット・ジャメへはどう行けばいいのですか How can I get to the Masjid Jamek?	**Macam mana nak ke Masjid Jamek?** マチャム　マナ　ナック　マスジッ ジャメッ
そのバスはどこで乗れますか Where can I get on the bus?	**Di mana boleh saya naik bas itu?** ディ マナ　ボレ　サヤ　ナイッ バス イトゥ
★ラン園は今日開いていますか Is the Orchid Park open today?	**Taman Orkid dibuka hari ini?** タマン　オルキド ディブカ　ハリ　イニ
入場料はいくらですか How much is the entrance fee?	**Berapa bayaran masuk?** ブラパ　バヤラン　マスッ
日曜日は開いていますか Are they open on Sundays?	**Tempat itu dibuka pada hari Ahad?** トゥンパッ イトゥディブカ　パダ　ハリ アハッ
何時に開いて何時に閉まりますか What time does it open and close?	**Pukul berapa tempat itu dibuka dan ditutup?** プクル　ブラパ　トゥンパッ イトゥディブカ ダン　ディトゥトゥプ
★（地図を見せながら）この地図で教えて下さい Could you show me the way on this map?	**Tolong tunjukkan jalan dengan peta ini.** トロン　トゥンジュッカン ジャラン ドゥンガン プタ　イニ
ここにマークして下さいませんか Could you mark it here?	**Tolong tanda di sini.** トロン　タンダ　ディ スィニ

ワードバンク

博物館	muzium ムズィウム	広場	medan メダン	遊園地	taman hiburan タマン ヒブラン
動物園	zoo ズー	植物園	taman botanikal タマン ボタニカル	水族館	akuarium アクアリウム
市庁舎	dewan bandaraya デワン バンダラヤ	王宮	istana イスタナ	教会	gereja / katedral グレジャ / カテドラル
モスク	masjid マスジッ	名所	tempat menarik トゥンパッム ナリッ	遺跡	reruntuhan ルルントゥハン
旧跡	kawasan bersejarah カワサン ブルスジャラ	記念碑	tugu peringatan トゥグ プリンガタン	公園 / 庭園	taman タマン
劇場	panggung パングン	映画館	panggung wayang パングン ワヤン		
市	bandar バンダル	市街地	pusat bandar プサッ バンダル	郊外	luar bandar ルアル バンダル
海	laut ラウッ	湾	teluk トゥルッ	岬	tanjung タンジュン
海岸 / 浜辺	pantai パンタイ	島	pulau プラウ	山	gunung グヌン
火山	gunung berapi グヌン ブラピ	川	sungai スンガイ	谷	lembah ルンバ
森	hutan フタン	湖	tasik タスィッ	滝	air terjun アイル トゥルジュン
祭り	pesta ペスタ	特別行事	acara istimewa アチャラ イスティメワ		
日帰り旅行	melancong balik hari ムランチョン バリッ ハリ	見本市	pameran niaga パメラン ニアガ		
クルーズ船	bot persiaran ボッ プルシアラン	インド人街	pekan India プカン インディア		
チャイナタウン	pekan Cina プカン チナ	駅	stesen ステセン	天后宮	Tokong Thean Hou トコン テアン ハウ
美術館	balai seni バライ スニ	屋台街	kawasan gerai カワサン グライ	タワー	menara ムナラ
洞窟	gua グア	寺院	kuil クイル	市場	pasar パサル

トイレ事情

　和式トイレに似て、しゃがんで用を足すのがマレーシア式で、洋式トイレの数はそれほど多くはありません。大半は水洗式ですが、トイレットペーパーは置かれていないのが普通です。水道栓にホースがつけられていて、それで後始末をするようになっています。ホースでなく、バケツが置かれているところもあります。いわば手動のウォシュレットですが、日本人の場合、このスタイルに慣れないと抵抗感があります。ただし、トイレットペーパーを使用する場合は、便器に流さないで、ビニール袋などに入れてゴミとして廃棄するようにしましょう。

ワードバンク

トイレ	tandas タンダス	紳士用	tandas lelaki タンダス ルラキ	婦人用	tandas perempuan タンダス プルンプアン
上げる	naik ナイッ	下げる	turun トゥルン	押す	tolak トラッ
引く	tarik タリッ	空き	kosong コソン	使用中	sedang digunakan スダン ディグナカン
掃除中	sedang dicuci / dibersihkan スダン ディチュチ / ディブルシカン			故障中	rosak ロサッ
注意！	Bahaya! / Awas! バハヤ / アワス		すべりやすい		lantai licin ランタイ リチン
自動	automatik アウトマティッ		トイレット ペーパー		kertas tandas クルタス タンダス
有料トイレ	tandas awam berbayar タンダス アワム ブルバヤル		無料トイレ		tandas awam percuma タンダス アワム プルチュマ
洋式トイレ	tandas duduk タンダス ドゥドゥッ				
車椅子用トイレ	tandas OKU / tandas orang kurang upaya タンダス オーケーユー / タンダス オラン クラン　ウパヤ				

観光バス・ツアーを利用する Sightseeing Tours　Rombongan / Bas Persiaran

　観光ツアーを利用すると、主なみどころを効率よく回ることができます。とくに交通の便があまりよくない観光地を訪れたい場合や名物料理の食事付きのツアーは、利用価値が大きいです。日本語ツアーであれば、言葉の心配もなく楽しむことができます。

ツアーを予約する　Tour Reservations　Menempah Lawatan

市内観光バスはありますか Is there a city bus tour?	**Ada bas persiaran bandar?** アダ　バス　プルシアラン　バンダル
どんな種類のツアーがありますか What kind of tours do you have?	**Apa jenis lawatan yang ada?** アパ　ジュニス　ラワタン　ヤン　アダ
ツアーのパンフレットを下さい Can I have a tour brochure?	**Saya nak risalah persiaran.** サヤ　ナッ　リサラ　プルシアラン
1日（半日）のコースはありますか Do you have a full-day (half-day) tour?	**Ada lawatan satu hari (setengah hari)?** アダ　ラワタン　サトゥ　ハリ　（ストゥンガ　ハリ）
午前（午後）のコースはありますか Is there a morning (afternoon) tour?	**Ada lawatan waktu pagi (petang)?** アダ　ラワタン　ワクトゥ　パギ　（プタン）
ナイトツアーはありますか Do you have a night tour?	**Ada lawatan malam?** アダ　ラワタン　マラム
人気の高いツアーを紹介して下さい Could you recommend some popular tours?	**Apa lawatan yang popular?** アパ　ラワタン　ヤン　ポプラル
そのツアーはどこを回りますか Could you tell me where we'll go on this tour?	**Lawatan ini pergi ke mana?** ラワタン　イニ　プルギ　ク　マナ
2時間くらいのコースはありますか Do you have a 2-hour tour?	**Ada lawatan 2 jam?** アダ　ラワタン　ドゥア　ジャム
★ ジャングル・トレッキングはできますか Can we go jungle trekking?	**Boleh treking hutan?** ボレ　トレキン　フタン
タマン・ネガラには行きますか Does this tour go to Taman Negara?	**Pergi ke Taman Negara?** プルギ　ク　タマン　ヌガラ

ツアーは何時間かかりますか How long does it take to complete the tour?	**Berapa jam lawatan ini?** ブラパ　ジャム　ラワタン　イニ	
食事は付いていますか Are any meals included?	**Termasuk makanan?** トゥルマスッ　マカナン	
出発は何時ですか What time do you leave?	**Pukul berapa bertolak?** プクル　ブラパ　ブルトラッ	
どこから出ますか Where does it start?	**Di mana bertolak?** ディ マナ　ブルトラッ	
どこに何時頃戻ってきますか When and where does it finish?	**Lawatan habis di mana dan pukul** ラワタン　ハビス ディ マナ　ダン　プクル **berapa?** ブラパ	

<u>トレーダー・ホテル</u>から乗れますか Could you pick me up at <u>Traders Hotel</u>?	**Boleh ambil saya di Hotel** ボレ　アンビル サヤ　ディ ホテル **Traders?** トレイダース	
<u>トレーダー・ホテル</u>で降ろしてもらえますか Could you drop me off at <u>Traders Hotel</u>?	**Boleh turunkan saya di Hotel** ボレ　トゥルンカン サヤ　ディ ホテル **Traders?** トレイダース	
<u>サンダカン</u>で自由時間はありますか Do we have any free time when we visit <u>Sandakan</u>?	**Ada masa bebas di Sandakan?** アダ　マサ　ベバス ディ サンダカン	
<u>日本語（英語）</u>のガイドは付きますか Do we have a <u>Japanese (an English)</u>-speaking guide?	**Ada pemandu pelancong yang** アダ　プマンドゥ　プランチョン　ヤン **boleh berbahasa Jepun (bahasa** ボレ　ブルバハサ　ジュプン （バハサ **Inggeris)?** イングリス）	
<u>日本語（英語）</u>のガイドが付くツアーはありませんか Is there a tour with a <u>Japanese (an English)</u>-speaking guide?	**Ada lawatan yang ada pemandu** アダ　ラワタン　ヤン　アダ　プマンドゥ **pelancong berbahasa Jepun** プランチョン　ブルバハサ　ジュプン **(bahasa Inggeris)?** （バハサ　イングリス）	
日本語が話せるガイドを頼みたいのですが I'd like to hire a guide who speaks Japanese.	**Saya perlukan pemandu pelancong** サヤ　プルルカン　プマンドゥ　プランチョン **yang boleh berbahasa Jepun.** ヤン　ボレ　ブルバハサ　ジュプン	
<u>1時間（1日）</u>いくらですか How much does it cost per <u>hour</u> (day)?	**Berapa untuk 1 jam (1 hari)?** ブラパ　　　ウントゥッ スジャム （スハリ）	

ツアーで On Tour　　　　　　　　　Semasa Rombongan

★ あれは何ですか
What is that?
Apa itu?
アパ イトゥ

★ 写真を撮ってもいいですか
Can I take pictures?
Boleh saya ambil gambar?
ボレ　　サヤ　　アンビル ガンバル

どのくらいの高さ（広さ）ですか
How high (large) is it?
Berapa tingginya (lebarnya)?
ブラパ　　ティンギニャ　（ルバルニャ）

どのくらい古いのですか
How old is it?
Berapa umurnya?
ブラパ　　ウムルニャ

誰が住んでいたのですか
Who lived here?
Siapa yang telah tinggal di sini?
スィアパ ヤン　　トゥラ ティンガル ディ スィニ

あの建物は何ですか
What is that building?
Apa bangunan itu?
アパ　バングナン　　イトゥ

誰が建てたのですか
Who built it?
Siapa membinanya?
スィアパ ムンビナニャ

あれは何という川（山／湖）ですか
What is the name of that <u>river</u>
(mountain/lake)?
Apa nama sungai (gunung / tasik) itu?
アパ ナマ　スンガイ （グヌン　／タシッ） イトゥ

ここでどのくらい停まりますか
How long do we stop here?
Berapa lama kita berhenti di sini?
ブラパ　ラマ　キタ　ブルフンティ ディ スィニ

写真を撮る時間はありますか
Do I have enough time to take pictures?
Ada masa untuk mengambil gambar?
アダ マサ　　ウントゥッ ムンガンビル ガンバル

何か食べる時間はありますか
Do I have time to eat?
Ada masa untuk makan?
アダ マサ　　ウントゥッ マカン

トイレに行く時間はありますか
Can I go to the restroom?
Ada masa untuk ke tandas?
アダ マサ　　ウントゥック タンダス

トイレはどこですか
Where is the restroom?
Di mana tandas?
ディ マナ　　タンダス

★ 何時にバスに戻ってくればいいですか
By what time should I be back to the bus?
Pukul berapa harus saya kembali ke bas?
プクル　ブラパ　ハルス サヤ　クンバリ ク バス

写真を撮ってもらえますか
Could you please take my picture?
Boleh ambilkan gambar?
ボレ　アンビルカン ガンバル

あとどのくらいで着きますか How long does it take to get there?	**Lagi berapa lama nak sampai?** ラギ　ブラパ　ラマ　ナッ　サンパイ
ありがとう。今日はとても楽しかったです Thank you. I had a great time.	**Terima kasih. Saya seronok hari** トゥリマ　カスィ　サヤ　スロノッ　ハリ **ini.** イニ
ツアーをキャンセルしたいのですが I'd like to cancel my reservation for the tour.	**Saya nak batalkan tempahan** サヤ　ナッ　バタルカン　トゥンパハン **lawatan saya.** ラワタン　サヤ
ツアーの日にちを変更したいのですが I'd like to change the date of the tour.	**Boleh tukarkan hari lawatan?** ボレ　トゥカルカン　ハリ　ラワタン
バスに酔ってしまいました I'm getting car sick.	**Saya mabuk kereta.** サヤ　マブッ　クレタ

ワードバンク

予約	tempahan トゥンパハン	手数料	bayaran / komisen バヤラン / コミセン	パンフレット	risalah リサラ
午前の	pagi パギ	午後の	petang プタン	1日の	satu hari サトゥ ハリ
半日の	setengah hari ストゥンガ ハリ	日帰り旅行		melancong balik hari ムランチョン バリッ ハリ
ツアー料金	bayaran lawatan バヤラン ラワタン	ガイド料		bayaran pemandu バヤラン プマンドゥ
入場料	bayaran masuk バヤラン マスッ	取消し料		bayaran pembatalan バヤラン プンバタラン

街で In Town　　　　　　　　　　　　　　Di Bandar

　街で道を尋ねる際は、なるべく観光案内所のスタッフか警察官に聞くことにしましょう。話しかけるときは「すみません」**Tumpang tanya.** や **Maaf encik/cik,**、分かったら「ありがとう」**Terima kasih.** を忘れずに。混雑している場所では自分のいる位置を見失いやすいものです。地図を携帯し、土地の人に指さしてもらうのもいいでしょう。ただし、人込みでは事故やトラブルに遭わないよう、周囲への注意を怠らないようにしましょう。

★ すみません、<u>郵便局</u>へ行く道を教えて下さい Excuse me. Could you tell me the way to the <u>post office</u>?	**Maaf encik / cik, macam mana** マアフ　ウンチッ / チッ　マチャム　マナ **nak ke pejabat pos?** ナック　プジャバッ　ボス
この住所へはどのように行ったらよいでしょうか How can I get to this address?	**Macam mana nak ke alamat ini?** マチャム　マナ　ナック　アラマッ　イニ
この通りはどこに出ますか Where does this street lead?	**Jalan ini menghala ke mana?** ジャラン イニ ムンハラ　ク マナ
すみません、<u>国立モスク</u>はどこですか Excuse me. Where is the <u>National Mosque</u>?	**Maaf encik / cik, di mana Masjid** マアフ　ウンチッ / チッ　ディ マナ　マスジッ **Negara?** ヌガラ
歩いてそこまで行けますか Can I walk down there?	**Boleh saya jalan ke sana?** ボレ　サヤ　ジャランク　サナ
真っ直ぐ行って、<u>2つ目</u>の信号を<u>左</u>に曲がって下さい Go straight and turn to the <u>left</u> at the <u>second</u> traffic light.	Jalan terus, belok kiri di lampu ジャラン トゥルス ブロッ　キリ　ディ ランプ isyarat kedua. イシャラック ドゥア
私についてきて下さい Please follow me.	Ikut saya. イクッ サヤ
それはどうも Thank you.	**Terima kasih.** トゥリマ　カスィ
いえ、結構です。ありがとう No, that's all right. Thank you anyway.	**Tak apa. Terima kasih.** タッ アパ　トゥリマ　カスィ
<u>セントラル・マーケット</u>へ行きたいのですが I'd like to go to the <u>Central Market</u>.	**Saya nak ke Sentral Market.** サヤ　ナック　セントラル マーケッ
バスに乗った方がいいですよ You should take a bus.	Awak patut naik bas. アワッ　パトゥッ ナイッ バス

どのバスですか Which bus should I take?	**Bas yang mana?** バス ヤン マナ
バス停はどこですか Where is the bus stop?	**Di mana perhentian bas?** ディ マナ プルフンティアン バス
バスでいくつ目ですか How many bus stops until there?	**Perhentian bas yang ke berapa?** プルフンティアン バス ヤン ク ブラパ
ここから<u>バード・パーク</u>まで歩いて何分かかりますか How long does it take to go to the Bird Park on foot?	**Berapa minit kalau jalan kaki dari** ブラパ ミニッ カラウ ジャラン カキ ダリ **sini ke Taman Burung?** スィニ ク タマン ブルン
この近くに<u>郵便局</u>はありますか Is there a <u>post office</u> around here?	**Ada pejabat pos dekat sini?** アダ プジャバッ ポス ドゥカッ スィニ
<u>KL タワー</u>はここから遠いのですか Is <u>KL Tower</u> far from here? ★	**Menara Kuala Lumpur jauh dari** ムナラ クアラ ルンプル ジャウ ダリ **sini?** スィニ

どのくらいかかりますか How long does it take?	**Berapa lama untuk ke sana?** ブラパ ラマ ウントゥック サナ
何か目印はありますか Are there any landmarks?	**Ada landmark?** アダ ランドマーク
真っ直ぐに行くのですか Should I go straight?	**Saya patut jalan terus?** サヤ パトゥッ ジャラン トゥルス
左の方ですか、右の方ですか Is it on the left or right?	**Di sebelah kiri atau kanan?** ディ スブラ キリ アタウ カナン
この通りは何といいますか What street is this?	**Ini jalan apa?** イニ ジャラン アパ
<u>北</u>はどちらですか Which way is <u>north</u>?	**Di mana arah utara?** ディ マナ アラ ウタラ
〔地図を見せて〕現在位置を示して下さい Could you show me where I am on this map? ★	**Tolong tunjukkan lokasi** トロン トゥンジュッカン ロカスィ **sekarang.** スカラン
ここに略図を書いて下さい Could you draw a map here?	**Tolong tuliskan peta.** トロン トゥリスカン プタ
あの建物は何ですか What is that building?	**Apa bangunan itu?** アパ バングナン イトゥ
トイレはどこですか Where is the restroom?	**Di mana tandas?** ディ マナ タンダス

道に迷ってしまいました I'm lost.	**Saya sesat.** サヤ スサッ
ここはどこですか Where am I now?	**Di mana saya sekarang?** ティ マナ サヤ スカラン
近くに水が買えるところはありますか Is there somewhere I can buy water around here?	**Ada tempat menjual air dekat sini?** アダ トゥンパッ ムンジュアル アイル ドゥカッ スィニ

ワードバンク

LRT 駅	**stesen LRT** ステセン エルアールティ	KL モノレール駅	**stesen KL Monorel** ステセン ケーエル モノレル
バスターミナル	**terminal bas** トゥルミナル バス	公衆電話	**telefon awam** テレフォン アワム
トイレ	**tandas** タンダス	ショッピングセンター	**pusat membeli-belah** プサッ ムンブリブラ
薬局	**farmasi** ファルマスィ	郵便局	**pejabat pos** プジャバッ ポス	病院	**hospital** ホスピタル
警察署	**balai polis** バライ ポリス	劇場	**panggung** パングン	映画館	**panggung wayang** パングン ワヤン
公園 / 庭園	**taman** タマン	図書館	**perpustakaan** プルプスタカアン	博物館	**muzium** ムズィウム
広場	**medan** メダン	観光案内所	**pusat penerangan pelancongan** プサッ プヌランガン プランチョンガン		
右へ曲がる	**belok ke kanan** ブロック カナン	左へ曲がる	**belok ke kiri** ブロック キリ		
真っ直ぐ行く	**jalan terus** ジャラントゥルス			信号	**lampu isyarat** ランプ イシャラッ
ブロック (街区)	**blok / kawasan** ブロック / カワサン			区	**kawasan** カワサン
大通り	**jalan besar / lebuh** ジャラン ブサル / ルブ			街路	**jalan** ジャラン

観光スポットで At Sightseeing Spots Di Tempat Lawatan

　美術館や博物館は休館日を確認してから予定を立てましょう。季節や曜日によって開館時間や料金が変わるところもあるので、ガイドブックや観光案内所などで調べておきましょう。モスクや宮殿は観光スポットである前に宗教上、歴史上の神聖な建物です。帽子はとり、ノースリーブやショートパンツなどの軽装は避けましょう。

★ 入場料はいくらですか How much is the admission?	**Berapa bayaran masuk?** ブラパ　バヤラン　マスッ
割引はありますか Are there any discounts?	**Ada diskaun?** アダ　ディスカウン
今日は何時まで開いていますか How late is it open today?	**Tempat ini dibuka sampai pukul** トゥンパッ イニ ディブカ　サンバイ　プクル **berapa hari ini?** ブラパ　ハリ イニ
その荷物は持ち込めません You can't take that baggage with you.	Encik / Cik tak boleh bawa beg itu. ウンチッ / チッ タッ ボレ　バワ　ベグ イトゥ
荷物を預かってもらえますか Could you keep the baggage?	**Tolong simpankan beg saya.** トロン　スィンパンカン　ベグ サヤ
あの絵を描いたのは誰ですか Who painted that picture?	**Siapa yang lukis gambar itu?** スィアパヤン　ルキス ガンバル　イトゥ
★ <u>昆虫博物館</u>はどこですか Where is the <u>Insect Museum</u>?	**Di mana Muzium Serangga?** ディ マナ　ムズィウム　スランガ
写真を撮ってもいいですか Can I take pictures?	**Boleh saya ambil gambar?** ボレ　サヤ　アンビル ガンバル
ここには何か有名な作品がありますか Do you have any famous works here?	**Ada hasil seni yang terkenal di** アダ　ハスィルスニ　ヤン　　トゥルクナル ディ **sini?** スィニ
それはどこにありますか Where is it?	**Di mana?** ディ マナ
<u>熱帯の蝶</u>に関心があるのですが I'm interested in <u>tropical butterfly</u>.	**Saya berminat pada <u>rama-rama</u>** サヤ　ブルミナッ　パダ　<u>ラマラマ</u> **<u>tropika</u>.** <u>トロピカ</u>
館内ツアーは何時にありますか What time does the guided tour start?	**Pukul berapa lawatan muzium** プクル　ブラパ　ラワタン　ムズィウム **bermula?** ブルムラ

この博物館のパンフレットはありますか Do you have a brochure for this museum?	**Ada risalah untuk muzium ini?** アダ リサラ ウントゥッ ムズィウム イニ
日本語（英語）のパンフレットはありますか Do you have a Japanese (an English) brochure?	**Ada risalah di dalam bahasa** アダ リサラ ディ ダラム バハサ **Jepun (bahasa Inggeris)?** ジュプン（バハサ イングリス）
どこで買えますか Where can I buy it?	**Di mana boleh saya beli?** ディ マナ ボレ サヤ ブリ
無料のパンフレットはありますか Do you have a free brochure?	**Ada risalah percuma?** アダ リサラ プルチュマ
みやげ物店はどこですか Where is the gift shop?	**Di mana kedai cenderamata?** ディ マナ クダイ チュンドゥラマタ
みやげで人気があるのは何ですか Could you recommend something popular for a souvenir?	**Apa cenderamata yang popular?** アパ チュンドゥラマタ ヤン ポプラル
絵はがきを売っていますか Do you sell postcards?	**Encik / Cik jual poskad?** ウンチッ / チッ ジュアル ポスカッ
展示物のカタログはありますか Do you have a catalog of the exhibition?	**Ada katalog pameran?** アダ カタログ パメラン
休憩所はありますか Is there somewhere I can take a break?	**Di mana boleh saya berehat?** ディ マナ ボレ サヤ ブレハッ
何か食べられるところはありますか Is there a place where I can eat something?	**Ada tempat makan?** アダ トゥンパッ マカン

カフェテリアはどこですか Where is the cafeteria?	**Di mana kafeteria?** ディ マナ　カフェテリア
出口はどこですか Where is the exit?	**Di mana pintu keluar?** ディ マナ　ピントゥ クルアル
入っていいですか Can I get in?	**Boleh saya masuk?** ボレ　サヤ　マスッ
あの建物（像）は何ですか What is that building (statue)?	**Apa bangunan (patung) itu?** アパ　バングナン　（パトゥン）　イトゥ
誰が建てたのですか Who built it?	**Siapa membinanya?** スィアパ ムンビナニャ
いつごろ建てられたのですか When was it built?	**Bila ia dibina?** ビラ イア ディビナ
キャノピー・ウォークはどこにありますか Where is the Canopy Walk?	**Di mana Titian　Kanopi?** ディ マナ　ティティアン カノピ
あの寺院は何という名前ですか What it the name of that temple?	**Apa nama kuil itu?** アパ　ナマ　クイル イトゥ
あの絵は何という絵ですか What is the name of the picture?	**Apa nama gambar itu?** アパ　ナマ　ガンバル　イトゥ
次のアトラクションは何時ですか When is the next attraction?	**Pukul berapa pertunjukan lepas ini?** ブクル　ブラパ　プルトゥンジュカン ルパス イニ

ワードバンク

入場料	**bayaran masuk** バヤラン　マスッ		割引	**diskaun** ディスカウン	無料 **percuma** プルチュマ
開館時間	**waktu buka** ワクトゥ ブカ		閉館時間	**waktu tutup** ワクトゥ トゥトゥップ	
館内ツアー	**lawatan muzium** ラワタン ムズィウム		学生	**pelajar** プラジャル	
手荷物 預かり所	**tempat menyimpan barang** トゥンパッ ムニンパン　バラン		みやげ物店	**kedai cenderamata** クダイ チュンドゥラマタ	
絵はがき	**poskad** ポスカッ		パンフレット	**risalah** リサラ	
Tシャツ	**T-shirt** ティーシュッ		カタログ	**katalog** カタログ	
ポスター	**poster** ポストゥル		ガイドブック	**buku panduan** ブク　パンドゥアン	
撮影禁止	**dilarang mengambil gambar** ディララン ムンガンビル ガンバル		スケッチ禁止	**dilarang melukis** ディララン ムルキス	

写真とビデオ Photographs and Videos **Gambar dan Video**

　　主要観光地での写真撮影は、通常は問題ありません。ただし、博物館やモスクでは撮影ができないところもあります。仮に撮影できても、フラッシュや三脚は禁止しているところがほとんどです。また、人込みの中などで、大型のカメラを無造作に肩にかけているのは少し不用心かもしれません。カメラは撮影するときにだけ、バッグから出すようにしましょう。

★ ここで写真（ビデオ）を撮ってもいいですか May I use a camera (video camera) here?	**Boleh saya ambil gambar (video)** ボレ　サヤ　アンビル ガンバル　（ヴィデオ） **di sini?** ディ スィニ
フラッシュをたいてもいいですか May I use a flash?	**Boleh saya guna flash?** ボレ　サヤ　グナ　フラッシュ
フラッシュは使えません Please don't use a flash.	Tolong jangan guna flash. トロン　ジャンガン グナ　フラッシュ
三脚を立ててもいいですか May I set up a tripod?	**Boleh saya pasang tripod?** ボレ　サヤ　パサン　トリポッ
三脚は使えません Please don't use a tripod.	Tolong jangan guna tripod. トロン　ジャンガン グナ　トリポッ
私の写真を撮っていただけませんか Could you please take my picture?	**Boleh ambilkan gambar saya?** ボレ　アンビルカン ガンバル　サヤ
シャッターを押すだけです Just push the shutter button.	**Tekan saja.** トゥカン サジャ
あなたの写真を撮ってもいいですか May I take your picture?	**Boleh saya ambil gambar encik /** ボレ　サヤ　アンビル ガンバル　ウンチッ / **cik?** チッ
★ 私と一緒に写真に入っていただけますか Would you pose with me?	**Boleh ambil gambar dengan saya?** ボレ　アンビル ガンバル　ドゥンガン サヤ
笑って！ Smile!	**Senyum!** スニュム
カメラの電池を充電したいのですが I'd like to recharge my camera batteries.	**Saya nak cas bateri kamera.** サヤ　ナッ　チャス バテリ　カメラ

画像をEメールで送ります I'll send you the pictures by e-mail.	**Saya akan hantar gambar dengan** サヤ　アカン　ハンタル　ガンバル　ドゥンガン **e-mel.** イーメル
名前とEメール・アドレスをここに書いて下さい Could you write down your name and e-mail address here?	**Tolong tuliskan nama dan alamat** トロン　トゥリスカン　ナマ　　ダン　アラマッ **e-mel di sini.** イーメル ディ スィニ
カメラを落としてしまいました I dropped my camera.	**Kamera saya terjatuh.** カメラ　　　　サヤ　　トゥルジャトゥ
ビデオが動きません My video does not work.	**Video saya rosak.** ヴィデオ サヤ　ロサッ

ワードバンク

フィルム	filem フィレム	デジタルカメラ	kamera digital カメラ　ディジタル		
ビデオカメラ	kamera video カメラ　ヴィデオ	カメラケース	sarung kamera サルン　カメラ	ストラップ	strap ／tali ストラプ／タリ
コンパクトフラッシュ	kad Compact Flash カッ コンパクト フラッシュ			SDカード	kad SD カッ エスディ
ミニSDカード	kad mini SD カッ ミニ エスディ	メモリースティック	memory stick メモリ　スティック		
レンズ	lensa レンサ	シャッター	pengatup プンガトゥプ	電池	bateri バテリ
写真	gambar ガンバル	現像	mencuci gambar ムンチュチ ガンバル		
焼増し	mencetak semula ムンチェタッ スムラ	カメラ店	kedai kamera クダイ カメラ		
撮影禁止	dilarang mengambil gambar ディララン ムンガンビル ガンバル	フラッシュ禁止	dilarang menggunakan flash ディララン ムングナカン　　フラッシュ		

熱帯雨林の動・植物に出会う旅

　近年注目されているエコ・ツーリズムに取り組む地域として人気を集めているのが東マレーシア・サバ州です。中でも多くの観光客が訪れるのが、サンダカン郊外にあるセピロック・オランウータン保護区。森林開発で親を失ったオランウータンの子供や、ケガをしたオランウータンを保護して森で自立できるようリハビリテーションを行っている施設で、餌付けの時間になると森の中から出てくるオランウータンに遭遇することができます。そのほか、サバ州最長のキナバタンガン川流域では、ボートで巡るリバークルーズが人気で、オランウータン、テングザル、ワニなど、ボルネオに生息するさまざまな野生生物を見ることができます。また、キナバル山麓では、ラフレシアやオオウツボカズラなど、珍しい植物に出会うこともできます。

ショッピング

Shopping
Membeli-belah

案内 Information　　　　　　　　　　　　　　**Maklumat**

　マレーシアには、外国人旅行者を対象とした免税店、ホテルのショッピングアーケード、専門店など、気軽に入って買物が楽しめるスポットが豊富です。日系のデパートや日系ショップの入ったショッピングセンターもあります。日用品ならスーパーマーケットやコンビニを利用するとよいでしょう。また、民芸品や安価な工芸品を探すなら、市場や露店をのぞいてみるのもよいでしょう。ナイトマーケットは観光名所にもなっています。

この町のショッピング街はどこですか Where is the shopping area in this town?	**Di mana pusat membeli-belah di bandar ini?** ディ マナ　プサッ　ムンブリブラ　　ディ バンダル　イニ
この辺にデパートはありますか Is there a department store near here?	**Ada kedai serbaneka dekat sini?** アダ　クダイ　スルバネカ　ドゥカッ スィニ
今、人気の店はどこですか Where are some of the popular shops?	**Di mana kedai yang popular?** ディ マナ　クダイ　ヤン　ポプラル
道順を教えて下さい Could you tell me how to get there?	**Tolong tunjukkan jalan.** トロン　トゥンジュッカン ジャラン
ここから一番近いスーパーマーケットはどこですか Where is the nearest supermarket from here?	**Di mana pasar raya yang terdekat?** ディ マナ　パサル　ラヤ　ヤン トゥルドゥカッ
バティックを売っている店はありますか Where can I buy a batik?	**Di mana boleh saya beli batik?** ディ マナ　ボレ　サヤ　ブリ バティッ

電池を売っている店はありますか Where can I buy a battery?	**Di mana tempat menjual bateri?** ティ マナ　トゥンパッ ムンジュアル バテリ
<u>それ</u>はどこで買えますか Where can I buy it?	**Di mana boleh saya beli itu?** ティ マナ　ボレ　サヤ　ブリ　イトゥ
★ 店の営業時間を教えて下さい What are the shop's opening hours?	**Bila waktu perniagaan kedai itu?** ビラ　ワクトゥ　プルニアガアン　クダイ　イトゥ

ワードバンク

ショッピングセンター	pusat membeli-belah プサッ ムンブリブラ	市場	pasar パサル
靴店	kedai kasut クダイ カスッ	雑貨店	kedai perhiasan クダイ プルヒアサン
酒店	kedai arak クダイ アラッ	みやげ物店	kedai cenderamata クダイ チュンドゥラマタ
民芸品店	kedai kraftangan クダイ クラフタンガン	カメラ店	kedai kamera クダイ カメラ
食料品店	kedai makanan クダイ マカナン	CD店	kedai muzik クダイ ムズィッ
楽器店	kedai alat muzik クダイ アラッ ムズィッ	宝石店	kedai barang kemas クダイ バラン　クマス
洋服店	kedai pakaian クダイ パカイアン	ブティック	butik ブティッ
眼鏡店	kedai cermin mata クダイ チュルミン マタ	文房具店	kedai alat tulis クダイ アラットゥリス
書店	kedai buku クダイ ブク	薬局	farmasi ファルマスィ
金物店	kedai perkakasan クダイ プルカカサン	家具店	kedai perabot クダイ プラボッ
玩具店	kedai permainan クダイ プルマイナン	生花店	kedai bunga クダイ ブンガ
骨董品店	kedai antik クダイ アンティッ	刃物店	kedai kutleri クダイ クトレリ
食器店	kedai pinggan クダイ ピンガン	アクセサリー店	kedai aksesori クダイ アクセソリ
安売り店	kedai barangan murah クダイ バランガン ムラ	スーパーマーケット	pasar raya パサル ラヤ
アウトレット	kedai barangan jenama クダイ バランガン ジュナマ	免税店	kedai bebas cukai クダイ ベバス チュカイ
ショッピング・アーケード	arked membeli-belah アルケッ ムンブリブラ		
露店	gerai グライ	夜市	pasar malam パサル マラム

品選び Shopping　　　　　　　　　Memilih barang

　店に入ったら、挨拶をしましょう。軽く会釈をするだけでもかまいません。「何かお探しですか」**Boleh saya tolong encik / cik?** と聞かれたとき、買う気がない場合は「いいえ、見ているだけです」**Tengok-tengok saja. Terima kasih.** と答えましょう。声をかけられたのに知らないふりをしたり、無視をするのは失礼です。また、商品にはむやみにさわらないようにしましょう。高級店の場合、陳列しているのはあくまでサンプルです。見たいときは、店員に声をかけてからにしましょう。

衣料品売り場はどこですか Where can I buy clothes?	**Di mana boleh saya beli baju?** ディ マナ ボレ サヤ ブリ バジュ
アクセサリーを買いたいのですが、どこにありますか I would like to buy some accessories. Where can I buy some?	**Saya nak beli aksesori. Di mana** サヤ ナッ ブリ アクセソリ ディ マナ **boleh saya beli?** ボレ サヤ ブリ
この地方特産の珍しいものはありませんか Do you have anything made locally?	**Ada barangan tempatan yang** アダ バランガン トゥンパタン ヤン **istimewa?** イスティメワ
いらっしゃいませ。何かお探しですか Hello. May I help you?	Boleh saya tolong encik / cik? ボレ サヤ トロン ウンチッ / チッ
見ているだけです。ありがとう I'm just looking. Thank you.	**Tengok-tengok saja. Terima kasih.** テンゴッテンゴッ サジャ トゥリマ カスィ
★ ピューターはありますか Do you have any pewters?	**Ada piuter?** アダ ピウトゥル
あのバティックを見せて下さい Could you show me that batik?	**Boleh tunjukkan saya batik itu?** ボレ トゥンジュッカン サヤ バティッ イトゥ
これを見たいのですが I'd like to see this.	**Saya nak lihat yang ini.** サヤ ナッ リハッ ヤン イニ
これと同じものはありますか Do you have one like this?	**Ada yang sama seperti ini?** アダ ヤン サマ スプルティ イニ
これと同じものを3つ下さい I'd like three of the same.	**Saya nak 3, yang sama seperti** サヤ ナッ ティガヤン サマ スプルティ **ini.** イニ
何色がありますか What colors do you have?	**Apa warna yang ada?** アパ ワルナ ヤン アダ
ほかの型はありますか Do you have any other style?	**Ada bentuk yang lain?** アダ ブントゥッヤン ライン

ウインドーにあるものがいいのですが I'd like the one in the window.	**Saya nak yang di tingkap.** サヤ　ナッ　ヤン　ディ ティンカプ
ほかのものを見せて下さい Could you show me another one?	**Saya nak tengok yang lain.** サヤ　ナッ　テンゴッ　ヤン　ライン
もっと<u>小さい</u>（大きい）ものはない ですか Do you have a <u>smaller</u> (bigger) one?	**Ada yang lebih <u>kecil</u> (besar)?** アダ　ヤン　ルビ　<u>クチル</u>（ブサル）
★ <u>赤い</u>のはありますか Do you have a <u>red</u> one?	**Ada yang <u>merah</u>?** アダ　ヤン　<u>メラ</u>
<u>大き</u>（小さ）すぎます This is too <u>big</u> (small).	**Ini terlalu <u>besar</u> (kecil).** イニ　トゥルラル　<u>ブサル</u>（クチル）
<u>派手</u>（地味）すぎます This is too <u>flashy</u> (plain).	**Ini terlalu <u>terang</u> (kosong).** イニ　トゥルラル　<u>トゥラン</u>（コソン）
これと同じで色違いはありますか Do you have the same thing in any other colors?	**Ada yang sama tapi warna yang** アダ　ヤン　サマ　タピ　ワルナ　ヤン **lain?** ライン
★ 試着をしてみていいですか Can I try this on?	**Boleh saya cuba?** ボレ　サヤ　チュバ
試着室はどこですか Where is the fitting room?	**Di mana fitting room?** ディ マナ　フィッティン ルーム
ぴったりです This is just my size.	**Ini muat.** イニ　ムアッ

サイズが合いません This is not my size.	**Ini tak muat.** イニ タッ ムアッ
⭐ <u>短か</u>（長／きつ／ゆる）すぎます This is too <u>short</u> (long/tight/loose).	**Ini terlalu <u>pendek</u> (panjang / ketat /** イニ トゥルラル ペンデッ （パンジャン ／ クタッ ／ **longgar).** ロンガル）
ここがきついみたいです It feels tight here.	**Di sini rasa ketat.** ディ スィニ ラサ クタッ
寸法直しをお願いします Could you alter this, please?	**Tolong potong dan jahit baju ini.** トロン ポトン ダン ジャヒッ バジュ イニ
どのくらいかかりますか（時間） How long does it take?	**Berapa jam boleh siap?** ブラパ ジャム ボレ スィアプ
素材は何ですか What is this made of?	**Ini dibuat dari apa?** イニ ディブアッ ダリ アパ
この指輪を見せて下さい Could you show me this ring?	**Saya nak tengok cincin ini.** サヤ ナッ テンゴッ チンチン イニ
私に似合いますか How do I look?	**OK tak?** オーケー タッ
とてもきれいですね This is very beautiful.	**Ini lawa.** イニ ラワ
⭐ これは何という宝石ですか What kind of stone is this?	**Apa nama batu ini?** アパ ナマ バトゥ イニ
つけてみていいですか May I try it on?	**Boleh saya cuba?** ボレ サヤ チュバ
いくらですか How much is it?	**Berapa harganya?** ブラパ ハルガニャ
値段を書いて下さい Please write down the price.	**Tolong tuliskan harganya.** トロン トゥリスカン ハルガニャ
私には高すぎます It's too expensive for me.	**Ini terlalu mahal.** イニ トゥルラル マハル
少し安くなりますか Can I get a slight discount?	**Boleh diskaun sikit?** ボレ ディスカウン スィキッ
贈り物にしたいのですが This is a present.	**Ini hadiah.** イニ ハディア

品選び

これを下さい I'll take this.	**Saya beli.** サヤ　ブリ
これを下さい Can you wrap these separately?	**Tolong bungkus berasingan.** トロン　　ブンクス　　ブルアスィンガン
一緒に包んで下さい Please wrap them together.	**Tolong bungkus semua sekali.** トロン　　ブンクス　　スムア　　スカリ
返品したいのですが I'd like to return this.	**Saya nak pulangkan yang ini.** サヤ　　ナッ　プランカン　　　ヤン　　イニ
これを取り替えてもらえますか Could you exchange this, please?	**Tolong tukarkan yang ini.** トロン　　トゥカルカン　ヤン　　イニ
これが領収書です Here is the receipt.	**Ini resitnya.** イニ　レスィッニャ

柄のいろいろ

ストライプ
corak belang
チョラッ ブラン

チェック
corak kotak
チョラッ コタッ

水玉
corak bintik
チョラッ ビンティッ

無地
tanpa corak
タンパ チョラッ

衣料品サイズ比較表

※マレーシアでは多くの場合、ヨーロッパ式のサイズが使われていますが、生産国、ブランドやメーカーによりサイズが異なるので必ず試着を。

			S	M	L	LL				
男性用	洋服 （スーツ、 コート)	日本	S	M	L	LL				
		ヨーロッパ	42-44	46-48	50-52	54-56				
		イギリス	32-34	36-38	40-42	44-46				
		アメリカ	32-34	36-38	40-42	44-46				
	靴	日本	24.5	25	25.5	26	26.5	27	27.5	28
		ヨーロッパ	39	40	41	42	43	44	45	46
		イギリス	6	6.5	7	7.5	8	8.5	9	9.5
		アメリカ	6.5	7	7.5	8	8.5	9	9.5	10
女性用	洋服	日本	5	7	9	11	13	15	17	19	21
		ヨーロッパ	32	34	36	38	40	42	44	46	48
		イギリス	4	6	8	10	12	14	16	18	20
		アメリカ	2	4	6	8	10	12	14	16	18
	靴	日本	21.5	22	22.5	23	23.5	24	24.5	25	25.5
		フランス	33.5	34	35	36	37	38	39	40	41
		イギリス	2.5	3	3.5	4	4.5	5	5.5	6	6.5
		アメリカ	4	4.5	5	5.5	6	6.5	7	7.5	8

ショッピング単語集　Shopping Vocabulary　Perbendaharaan Kata Membeli-belah

スタイル　Potongan　ポトンガン

長袖	lengan panjang ルンガン パンジャン	半袖	lengan pendek ルンガン ペンデッ	ノースリーブ	tanpa lengan タンパ ルンガン
襟	kolar コラル	襟なし	tanpa kolar タンパ コラル	ボタン	butang ブタン
ポケット	poket ポケッ	フード	hud フッ	手編み	kait tangan カイッ タンガン

アイテム　Barangan　バランガン

上着	pakaian luar / jaket パカイアン ルアル / ジャケッ			スーツ	sut スッ
ブレザー	blazer ブラズル	カーディガン	kardigan カルディガン	Tシャツ	T-shirt ティーシュツ
ポロシャツ	kemeja polo クメジャ ポロ	ワイシャツ	kemeja クメジャ	パンツ (ズボン)	seluar スルアル
短パン	seluar pendek スルアル ペンデッ	ジーンズ	seluar jean スルアル ジン	ネクタイ	tali leher タリ レヘル
ブラウス	blaus ブラウス	ドレス	gaun ガウン	スカート	skirt スキルト
ワンピース	pakaian terus パカイアン トゥルス	ツーピース	sut dua keping スッ ドゥア クピン		

下着など　Baju Dalam dsb.　バジュ ダラム　ダンスバガイニャ

下着	baju dalam バジュ ダラム	靴下	stokin ストキン	ストッキング	sarung kaki サルン カキ
ブラジャー	coli チョリ	ショーツ	seluar dalam wanita スルアル ダラム ワニタ		
トランクス	seluar dalam lelaki スルアル ダラム ルラキ	シャツ	kemeja クメジャ		
パジャマ	pijama ピジャマ	水着	baju mandi バジュ マンディ		

靴・バッグ・小物など　Kasut / Beg / Barangan Perhiasan dsb.　カスッ /ベグ /バランガン　プルヒアサン ダンスバガイニャ

ブーツ	kasut but カスッ ブッ	ハイヒール	kasut tumit tinggi カスッ トゥミッ ティンギ		
パンプス	kasut sarung カスッ サルン	ローヒール	kasut tumit rendah カスッ トゥミッ ルンダ		
サンダル	sandal サンダル	スニーカー	kasut sniker カスッ スニクル	ベルト	tali pinggang タリ ピンガン

ハンドバッグ	**beg tangan** ベグ タンガン	リュック	**beg galas** ベグ ガラス	ショルダーバッグ	**beg galas bahu** ベグ ガラス バフ
帽子	**topi** トピ	ハンカチ	**sapu tangan** サプ タンガン	傘	**payung** パユン
財布	**dompet** ドンペッ	サングラス	**cermin mata hitam** チュルミン マタ ヒタム		

アクセサリー・貴金属　Aksesori / Logam Berharga
アクセソリ / ロガム　ブルハルガ

指輪	**cincin** チンチン	ネックレス	**rantai** ランタイ	ブレスレット	**gelang** グラン
イヤリング / ピアス	**anting-anting** アンティンアンティン	ブローチ	**kerongsang** クロンサン	ピューター	**piuter** ピウトゥル
純金	**emas tulen** ウマス トゥレン	宝石	**batu permata** バトゥ プルマタ		
銀工芸	**kraftangan perak** クラフタンガン ペラッ	銅製品	**barangan gangsa** バランガン ガンサ		

化粧品など　Kosmetik dsb.
コスメティッ ダンスバガイニャ

香水	**minyak wangi** ミニャッ ワンギ	口紅	**gincu** ギンチュ	化粧水	**penyegar kulit** プニュガル クリッ
ファンデーション	**krim asas** クリム アサス	日焼け止めクリーム	**krim pelindung** クリム プリンドゥン		

本・雑貨・電化製品　Buku / Barangan Perhiasan / Barangan Elektronik
ブク / バランガン ブルヒアサン / バランガン エレクトロニッ

新聞	**suratkhabar** スラッカバル	本（書籍）	**buku** ブク	雑誌	**majalah** マジャラ
のり	**gam** ガム	ボールペン	**pen** ペン	鉛筆	**pensel** ペンセル
骨董品	**barangan antik** バランガン アンティッ	楽器	**alat muzik** アラッ ムズィッ	テレビ	**televisyen** テレヴィシェン
CD	**CD** スィディ	DVD	**DVD** ディヴィディ	木彫り	**ukiran kayu** ウキラン カユ

スーパーマーケット　Pasar Raya
パサル ラヤ

水	**air** アイル	牛乳	**susu** スス	酒類	**arak** アラッ
チーズ	**keju** ケジュ	ヨーグルト	**yogurt** ヨグルッ	スナック	**snek** スネッ
ガム	**gula-gula getah** グラグラ グタ	チョコレート	**coklat** チョクラッ	コーヒー	**kopi** コピ
紅茶	**teh** テ	ケーキ	**kek** ケッ	パン	**roti** ロティ

| ジュース | jus ジュス | インスタント食品 | makanan segera マカナン スグラ | | |
| 歯ブラシ | berus gigi ブルス ギギ | 歯磨き粉 | ubat gigi ウバッ ギギ | 洗剤 | bahan cuci バハン チュチ |

ショッピングセンター　Pusat Membeli-belah プサッ ムンブリブラ

化粧品	kosmetik コスメティッ	婦人服	pakaian wanita パカイアン ワニタ	紳士服	pakaian lelaki パカイアン ルラキ
子供服	pakaian kanak-kanak パカイアン カナッカナッ		スポーツ用品	barangan sukan バランガン スカン	
日用品	barangan harian バランガン ハリアン		文房具	alat tulis アラットゥリス	

インテリア・生活用品　Barangan Dalaman / Keperluan Rumah バランガン ダラマン / クプルアンル ルマ

カーペット(絨毯)	permaidani ブルマイダニ	ティッシュ	kertas tisu クルタス ティス	鏡	cermin チュルミン
タオル	tuala トゥアラ	スリッパ	selipar スリパル	シーツ	alas アラス
クッション	kusyen クシェン	テーブル	meja メジャ	椅子	kerusi クルスィ
ソファ	sofa ソファ	ごみ箱	tong sampah トン サンパ	カーテン	langsir ランスィル
皿	pinggan ピンガン	カトラリー	kutleri クトレリ	グラス	gelas グラス
コーヒーカップ	cawan kopi チャワン コピ	ポット(紅茶用/コーヒー用)		teko teh / teko kopi テコ テ / テコ コピ	

趣向　Aneka Warna アネカ ワルナ

| 明るい色 | warna terang ワルナ トゥラン | 暗い色 | warna gelap ワルナ グラプ | 淡い色 | warna muda ワルナ ムダ |
| 鮮やかな色 | warna terang ワルナ トゥラン | 派手な | terang トゥラン | 地味な | kosong コソン |

素材　Bahan バハン

木綿(コットン)	kapas カパス	麻	linen リネン	絹	sutera ストゥラ
ウール	bulu bebiri ブル ブビリ	バティック	batik バティッ	ソンケット	songket ソンケッ
化学繊維	serabut buatan スラブッ ブアタン	ナイロン	nilon ニロン	ポリエステル	poliester ポリエステル
レーヨン	sutera tiruan ストゥラ ティルアン	アクリル	akril アクリル	デニム	denim デニム

支払い　Payment　　　　　　　　　　　　　　　　　　Bayaran

　支払いはデパートや高級店などでは現金のほかにクレジットカードが使えますが、一般のお店では現金しか使えないところもあります。クレジットカードは便利ですが、スキミングなどにあわないように、取り扱いは充分に注意しましょう。

会計はどこですか Where is the cashier?	**Di mana juruwang?** ディ マナ　ジュルワン
これを下さい I'll take this.	**Saya beli yang ini.** サヤ　ブリ ヤン　イニ
いくらですか How much is it?	**Berapa harganya?** ブラパ　ハルガニャ
少し安くなりませんか Could you give me a little discount?	**Boleh dapat diskaun sikit?** ボレ　ダパッ　ディスカウン スィキッ
ここに汚れがあります There is a stain here.	**Di sini ada kotoran.** ディ スィニ アダ コトラン
値段を書いて下さい Please write down the price.	**Tolong tuliskan harganya.** トロン　トゥリスカン ハルガニャ
現金で払います I'd like to pay in cash.	**Saya nak bayar dengan tunai.** サヤ　ナッ バヤル ドゥンガン トゥナイ
クレジットカードで払います I'd like to pay with a credit card.	**Saya nak bayar dengan kad kredit.** サヤ　ナッ バヤル ドゥンガン カッ クレディッ
このクレジットカードは使えますか Do you accept this credit card?	**Boleh pakai kad ini?** ボレ　パカイ　カッ イニ
どこのクレジットカードが使えますか What kind of credit cards do you accept?	**Kredit kad apa boleh saya pakai?** クレディッ カッ アパ ボレ　サヤ　パカイ
日本円（米ドル）で支払えますか Can I pay in Japanese yen (American dollars)?	**Boleh saya bayar dengan yen** ボレ　サヤ　バヤル ドゥンガン イェン **Jepun (dollar Amerika)?** ジュプン（ドラ　アメリカ）
領収書を下さい Can I have a receipt, please?	**Saya nak resit.** サヤ　ナッ レスィッ

返品（交換）したいのですが I'd like to return (exchange) this.	**Saya nak pulangkan (tukarkan)** サヤ ナッ プランカン （トゥカルカン） **yang ini.** ヤン イニ
計算が違っていませんか I think there might be a mistake in this bill.	**Saya rasa kiraan bil ini salah.** サヤ ラサ キラアン ビルイニ サラ
おつりが違っています I think my change may be wrong.	**Baki saya salah.** バキ サヤ サラ
おつりをまだもらっていません I haven't received my change yet.	**Saya belum terima baki.** サヤ ブルム トゥリマ バキ
代金はもう払いました I already paid.	**Saya sudah bayar.** サヤ スダ バヤル

配達・別送　Delivering/Sending Goods　　Menghantar Barangan

フェデラル・ホテルまで届けてもらえますか Could you deliver it to the Federal Hotel?	**Boleh tolong hantar ke Hotel** ボレ トロン ハンタル ク ホテル **Federal?** フェデラル
この荷物を日本に送るにはどうしたらいいですか What should I do to send this to Japan?	**Bagaimana boleh saya hantar** バガイマナ ボレ サヤ ハンタル **barang ini ke Jepun?** バラン イニク ジュプン
航空（船）便でお願いします Please send it by air (sea) mail.	**Tolong hantar melalui udara (laut).** トロン ハンタル ムラルイ ウダラ （ラウッ）
保険をかけてもらえますか Can I insure it?	**Boleh saya letak insuran?** ボレ サヤ ルタッ インスラン
申告をする必要がありますか Will I have to declare it?	**Perlu saya isytihar?** プルル サヤ イシティハル

マレーシアのショッピング事情

　マレーシアで定番のお土産といえば、ろうけつ染めのバティックとスズ細工のピューターでしょう。バティックにはレーヨンや綿、絹、サテンなどの製品があり、ハンカチやスカーフ、男性もののシャツ、ネクタイなどがポピュラーです。美しい刺繍が施されたソンケットも人気があります。ピューターでは、ジョッキやマグカップ、花瓶、置物などの実用品や装飾品の種類が豊富です。銀工芸品や銅製品、木彫り、紅茶などもあります。

123

暮らす
Lives
Kehidupan

住居を決める Decide where to live **Memilih Tempat Tinggal**

治安がよく、物価も安い国として知られるマレーシアには、中・長期にわたって暮らす日本人が少なくありません。長期に暮らす場合は、コンドミニアムや、バンガローと呼ばれる一軒家を借りるのが一般的です。ただし、いずれも契約は年間契約が大半なため、1年未満の短期の場合は、サービスアパートメントやホテルでの滞在が多いようです。

2〜3年暮らせる住まいを探しています I'm looking for a place where I'll be able to live two to three years.	**Saya sedang mencari tempat** サヤ スダン ムンチャリ トゥンパッ **tinggal untuk 2 atau 3** ティンガル ウントゥッ ドゥア アタウ ティガ **tahun.** タフン
ご希望の条件はありますか Do you have any preferences?	Encik / Cik nak tempat yang ウンチッ / チッ ナッ トゥンパッ ヤン macam mana? マチャム マナ
買物に便利な場所がいいです I'd like a place convenient for shopping.	**Tempat yang senang untuk pergi** トゥンパッ ヤン スナン ウントゥッ プルギ **membeli-belah.** ムンブリブラ
駅に近い場所を紹介して下さい Please show me a place near a train station.	**Tolong tunjukkan tempat yang** トロン トゥンジュッカン トゥンパッ ヤン **dekat dengan stesen.** ドゥカッ ドゥンガン ステセン
ゴルフ場に近いバンガローはありますか Do you have any bungalow near a golf course?	**Ada rumah banglo dekat kelab** アダ ルマ バングロ ドゥカッ クラブ **golf?** ゴルフ
車を運転するので、郊外の静かな場所を紹介して下さい I drive, so I want a place in a quiet suburb.	**Tolong tunjukkan tempat yang** トロン トゥンジュッカン トゥンパッ ヤン **senyap di luar bandar. Saya nak** スニャプ ディルアル バンダル サヤ ナッ **memandu kereta.** ムマンドゥ クレタ
周辺の治安はだいじょうぶですか Is the surrounding area safe?	**Kawasan sekelilingnya selamat?** カワサン スクリリンニャ スラマッ
何軒か見て回りたいのですが I'd like to see a few places.	**Saya nak tengok beberapa rumah.** サヤ ナッ テンゴッ ブブラパ ルマ

各種手続きをする　Go through formalities　Menjalani Tatacara

住まいが決まったら、家賃や公共料金の支払い、日本からの送金に必須の銀行口座の開設や、電気、電話、ガス、水道の契約、インターネット、衛星放送契約など、暮らしに必須のものから、趣味や嗜好に応じて、さまざまな生活をするための準備をすることになります。日本語ができるスタッフのいる病院や理・美容院などを探しておくことも大切です。

（銀行窓口で）口座を開設したいのですが I want to open an account.	**Saya nak buka akaun.** サヤ　ナッ　ブカ　アカウン
普通預金と当座預金の口座をお願いします I want to open a savings account and a checking account.	**Saya nak buka akaun simpanan** サヤ　ナッ　ブカ　アカウン　スィンパナン **dan akaun semasa.** ダン　アカウン　スマサ
小切手帳を作成して下さい Make a checkbook, please.	**Tolong buatkan buku cek.** トロン　ブアッカン　ブク　チェッ
（病院で）日本語の話せるスタッフはいませんか Is there anyone on the staff who speaks Japanese?	**Ada kakitangan yang berbahasa** アダ　カキタンガン　ヤン　ブルバハサ **Jepun?** ジュプン
（住宅で）この部分が壊れています This part is broken.	**Rosak di sini.** ロサッ　ディ スィニ
（住宅で）新しいものと取り替えて下さい Replace it with a new one, please.	**Tolong tukarkan dengan yang** トロン　トゥカルカン　ドゥンガン　ヤン **baru.** バル
中古の日本車を探しています I'm looking for a used Japanese car.	**Saya sedang mencari kereta** サヤ　スダン　ムンチャリ　クレタ **terpakai buatan Jepun.** トゥルパカイ ブアタン　ジュプン
車を買ったので保険に入りたいのですが Since I've just bought a car, I want to take out an insurance policy.	**Saya baru beli kereta. Saya nak** サヤ　バル　ブリ クレタ　サヤ　ナッ **buat insuran.** ブアッ インスラン
私の荷物がまだ届いていません My luggage hasn't arrived yet.	**Barang saya belum sampai.** バラン　サヤ　ブルム　サンパイ
到着次第教えて下さい Let me know when it arrives.	**Tolong beritahu saya kalau dah** トロン　ブリタフ　サヤ　カラウ　ダ **sampai.** サンパイ

毎日の生活　Everyday life　　　Kehidupan Seharian

　物価が安く、治安もよいマレーシアでは、安全かつ快適に暮らすことができます。クアラルンプールなどの大都市なら、日本とほぼ変わらない生活ができるでしょう。ただし、余裕のある時間をどうすごすかを考えることも大切。日本ではなかなかできない趣味やスポーツなどが格安でできることもあるので、さまざまなチャレンジをしてみるのもよいでしょう。

普通預金を引き出したいのですが I want to withdraw money from my savings account.	**Saya nak keluarkan duit　dari** サヤ　ナッ　クルアルカン　ドゥイッダリ **akaun simpanan.** アカウン　スィンパナン
おいくらご入り用ですか How much do you need?	**Berapa encik / cik perlukan?** ブラパ　　ウンチッ / チッ プルルカン
RM2000 です RM2,000.	**2　　　ribu ringgit.** ドゥア リブ　リンギッ
洗濯物をお願いします Will you do the laundry?	**Tolong cucikan baju saya.** トロン　　チュチカン　バジュ サヤ
いつ仕上がりますか When will it be done?	**Bila boleh siap?** ビラ　ボレ　　スィアプ
これは私のものではありません This isn't mine.	**Ini bukan baju saya.** イニ ブカン　　バジュ サヤ
（美容院で）今日の午後予約できますか I'd like to make an appointment for this afternoon.	**Boleh saya buat appointment** ボレ　　サヤ　ブアッ アポイントメント **untuk　petang ini?** ウントゥッ プタン　　イニ
カットとシャンプーだけお願いします I just want a cut and shampoo.	**Saya nak gunting dan cuci saja.** サヤ　　ナッ　グンティン　ダン　チュチ サジャ
（理髪店で）短く刈って下さい Crop my hair short, please.	**Tolong potong pendek.** トロン　　ボトン　　ペンデッ

帰国準備 Getting Ready to Return Home Persediaan Untuk Pulang Ke Jepun

　帰国することが決まると、住居や電気、ガス、水道などの解約手続き、日本へ持ち帰る荷物の整理と発送手続きなど、さまざまな作業が待っています。しなければならない作業の一覧表を作成し、手際よく1日の作業を進めていきましょう。予期せぬ出来事もありがちです。余裕をもったスケジュールを組むことが大切です。

日本に引っ越し荷物を送りたいのですが I'd like to send some stuff to Japan.	Saya nak hantar barangan ke Jepun. サヤ　ナッ　ハンタル　バランガン　ク ジュプン
いつごろの発送をお望みですか When do you want them sent?	Bila encik / cik nak hantar barang? ビラ　ウンチッ / チッ ナッ　ハンタル　バラン
来月初め頃です Around the beginning of next month.	Awal bulan depan. アワル　ブラン　ドゥパン
2ヶ月後に日本に帰国します。賃貸契約を解除したいのですが I'm going back to Japan in two months, so I'd like to terminate the lease agreement.	Saya akan pulang ke Jepun dalam サヤ　アカン　プラン　ク ジュプン　ダラム masa 2　bulan. Saya nak マサ　ドゥアブラン　サヤ　ナッ batalkan kontrak sewa rumah. バタルカン　コントラッ　セワ　ルマ
10月15日で電気（ガス／水道）を止めて下さい Please turn off the electricity (gas/water) service on October 15.	Tolong tutupkan elektrik（gas / トロン　トゥトゥプカン エレクトリッ（ガス / air）pada 15　haribulan アイル）パダ　リマブラス ハリブラン Oktober. オクトブル
（銀行で）12月20日付けで口座を解約したいのですが I want to close my account as of December 20.	Saya nak batalkan akaun saya サヤ　ナッ　バタルカン　アカウン サヤ pada tarikh 20　haribulan パダ　タリッ　ドゥアブル ハリブラン Disember. ディセンブル
至急残金を精算したいのですが I'd like to liquidate the balance immediately.	Tolong selesaikan baki wang saya トロン　スルサイカン　バキ　ワン　サヤ secepat mungkin. スチュパッ ムンキン
滞在中はいろいろとお世話になりました Thank you for everything you did for us during our stay in Malaysia.	Terima kasih. Encik / Cik telah トゥリマ　カスィ　ウンチッ / チット トゥラ banyak membantu semasa saya バニャッ　ムンバントゥ　スマサ　サヤ di sini. ディ スィニ
ご親切は決して忘れません We will never forget your kindness.	Saya tak akan lupakan kebaikan サヤ　タッ　アカン　ルパカン　クバイカン hati encik / cik. ハティ ウンチッ / チッ

トラブル

Trouble
Masalah

紛失・盗難 Lost/Stolen　　　Kehilangan / Kecurian

　パスポートや貴重品を紛失したり、盗難に遭ったりしたら、まずホテルの警備係または警察に届け、盗難証明書を作ってもらいます。これは、パスポートや渡航書の発行や保険請求のときに必要です。パスポートの発行年月日や、番号、発給地などは、手帳などにメモ（またはコピー）し、予備の写真などを用意しておくと、いざというとき役に立ちます。

パスポートをなくしました I've lost my passport.	**Saya hilang pasport.** サヤ　ヒラン　パスポルト
★ 日本大使館（領事館）はどこにありますか Where is the Japanese Embassy (Consulate)?	**Di mana Kedutaan (Konsulat)** ティ マナ　クドゥタアン　（コンスラッ） **Jepun?** ジュプン
財布を盗まれました My purse was stolen.	**Dompet saya dicuri.** ドンペッ　サヤ　ディチュリ
警察署はどこですか Where is the police station?	**Di mana balai polis?** ティ マナ　バライ　ポリス
盗難証明書を作って下さい Could you fill out a report of the theft?	**Tolong tuliskan laporan kecurian.** トロン　トゥリスカン ラポラン　クチュリアン
タクシーにバッグを置き忘れました I left my bag in the taxi.	**Saya tertinggal beg di dalam** サヤ　トゥルティンガル ベグ ティ ダラム **teksi.** テクスィ
どんなバッグですか What kind of bag?	Beg yang macam mana? ベグ ヤン　マチャム　マナ
黒いバッグです A black bag.	**Beg hitam.** ベグ ヒタム
★ クレジットカードをなくしました I've lost my credit card.	**Saya hilang kad kredit.** サヤ　ヒラン　カッ　クレディッ
クレジットカードを無効にして下さい Could you please cancel my card number?	**Tolong batalkan kad saya.** トロン　バタルカン　カッ　サヤ
❗ 助けて！ Help!	**Tolong!** トロン

やめて！ Stop it!	**Jangan!** ジャンガン
一緒に来て！ Come with me!	**Ikut saya!** イクッ サヤ
出ていけ！ Get out of here!	**Berambus!** ブランブス
警察に電話して！ Call the police!	**Telefon polis!** テレフォン ポリス
泥棒！ A robber!	**Pencuri!** プンチュリ

ワードバンク

クレジットカード	**kad kredit** カック クレディッ		パスポート	**pasport** パスポルト	
スーツケース	**beg pakaian** ベグ パカイアン		バッグ	**beg** ベグ	
お金	**duit** ドゥイッ	財布	**dompet** ドンペッ	カメラ	**kamera** カメラ
警察	**polis** ポリス	警察官	**pegawai polis** プガワイ ポリス	盗難品	**barang yang dicuri** バラン ヤン ディチュリ
盗難証明書	**laporan kecurian** ラポラン クチュリアン	事故証明書	**laporan kemalangan** ラポラン クマランガン		
月日	**haribulan** ハリブラン	場所	**tempat** トゥンパッ	駅で	**di stesen** ディ ステセン
道で	**di jalanraya** ディ ジャランラヤ		ホテルの部屋で	**di bilik hotel** ディ ビリッ ホテル	
列車内で	**di dalam keretapi / di dalam tren** ディ ダラム クレタピ ／ディ ダラム トレン			所有者の名前	**nama pemilik** ナマ プミリッ
住所	**alamat** アラマッ		電話番号	**nombor telefon** ノンボル テレフォン	

交通事故 Traffic Accident　　Kemalangan Lalu Lintas

　事故が起きたら、まず警察に通報します。そのうえで保険会社、レンタカーの場合はレンタカー会社などに連絡をとります。当事者の場合は、むやみに「ごめんなさい」**Minta maaf.** と言わないこと。万一のために海外旅行傷害保険には必ず入っておきましょう。

交通事故が起きました There's been an accident.	**Encik / Cik, ada kemalangan.** ウンチッ / チッ　アダ　クマランガン
91 号線です It's on route 91.	**Di jalan 91.** ティ ジャラン ヌンビラン ブル サトゥ
警察（救急車／医者）を呼んで下さい Please call the police (an ambulance/a doctor).	**Tolong panggil polis (ambulan / doktor).** トロン　パンギル　ポリス（アンブラン / ドクトル）
病院へ連れて行って下さい Could you take me to a hospital, please?	**Tolong bawa saya ke hospital.** トロン　バワ　サヤ　ク ホスピタル
レンタカー会社に連絡して下さい Could you call the rent-a-car company?	**Tolong telefon syarikat sewa kereta.** トロン　テレフォン シャリカッ セワ クレタ
会社はエイビスです The company is Avis.	**Nama syarikat itu Avis.** ナマ　シャリカッ イトゥ エーヴィス
車のナンバーは ABE1234 です The number plate is ABE1234.	**Plat nombornya A B E 1 2 3 4.** プラッ ノンボルニャ　エー ビー イー サトゥ ドゥア ティガ ウンパッ
急いで下さい Please hurry.	**Tolong cepat.** トロン　チュパッ
車にはねられました I was hit by a car.	**Saya dilanggar kereta.** サヤ　ディランガル　クレタ
状況はよく覚えていません I don't remember what happened.	**Saya tak ingat.** サヤ　タッ インガッ
私の血液型は A（O／B／AB）型です My blood type is A (O/B/AB).	**Darah saya jenis A (O / B / AB).** ダラ　サヤ　ジュニス エー（オー / ビー / AB） エービー）
事故証明書を下さい May I have an accident report?	**Saya nak laporan kemalangan.** サヤ　ナッ ラポラン　クマランガン

病気・薬を買う Illness/Buying Medicine　Di Hospital/Membeli Ubat

　旅行中病気になったら、まず泊まっているホテルのフロントに連絡し、ホテルドクターかホテルの指定医を紹介してもらます。医療費が高いので、出発前に海外旅行傷害保険に加入しておくと安心です。保険請求のために、治療費の領収書などはきちんととっておきましょう。クアラルンプールでは日本語が通じる病院が数軒あるので頼りになります。

ホテルで　At the Hotel　Di Hotel

おなかが痛いのですが、薬をもらえますか I have a stomachache and would like to get some medicine.	**Perut saya sakit. Encik / Cik ada** プルッ　サヤ　サキッ　ウンチッ / チッ　アダ **ubat?** ウバッ
医師を呼んで下さい Please call a doctor.	**Tolong panggil doktor.** トロン　パンギル　ドクトル
病院へ連れて行って下さい Could you take me to a hospital, please?	**Tolong bawa saya ke hospital.** トロン　バワ　サヤ　ク　ホスピタル
日本語の話せる医師はいますか Is there a doctor who speaks Japanese?	**Ada doktor yang boleh berbahasa** アダ　ドクトル　ヤン　ボレ　ブルバハサ **Jepun?** ジュプン

病院で　At the Hospital　Di Hospital

気分が悪いです I feel sick.	**Saya tak sihat.** サヤ　タッ　スィハッ
熱があります I have a fever.	**Saya demam.** サヤ　デマム
頭（胃／歯）が痛いです I have a headache (stomachache/toothache).	**Saya sakit kepala (sakit perut /** サヤ　サキッ　クパラ　（サキッ　プルッ / **sakit gigi)** サキッ　ギギ）
めまいがします I feel dizzy.	**Kepala saya rasa pusing.** クパラ　サヤ　ラサ　プスィン
寒気がします I have a chill.	**Saya rasa sejuk.** サヤ　ラサ　スジュッ
下痢をしています I have diarrhea.	**Saya cirit-birit.** サヤ　チリッビリッ
ここが少し（ひどく）痛いです I have a slight (severe) pain here.	**Saya sakit sedikit (sangat) di sini.** サヤ　サキッ　スディキッ　（サンガッ）　ディ　スィニ

131

吐き気がします I feel nauseous.	**Saya rasa nak muntah.** サヤ ラサ ナッ ムンタ
私はアレルギー体質です I have some allergies.	**Saya ada alergi.** サヤ アダ アレルギ
診断書を下さい Can I have a medical certificate?	**Saya nak surat akuan doktor.** サヤ ナッ スラッ アクアン ドクトル

病気・薬を買う

身体の部位図解

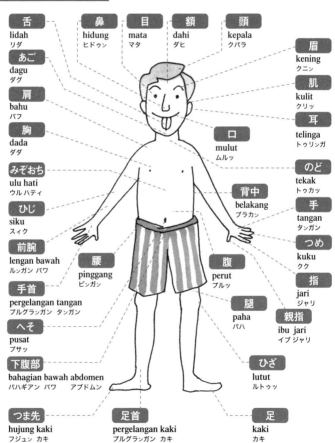

| 舌
lidah
リダ | 鼻
hidung
ヒドゥン | 目
mata
マタ | 額
dahi
ダヒ | 頭
kepala
クパラ |

あご
dagu
ダグ

肩
bahu
バフ

胸
dada
ダダ

みぞおち
ulu hati
ウル ハティ

ひじ
siku
スィク

前腕
lengan bawah
ルンガン バワ

手首
pergelangan tangan
プルグランガン タンガン

へそ
pusat
プサッ

下腹部
bahagian bawah abdomen
バハギアン バワ アブドムン

眉
kening
クニン

肌
kulit
クリッ

耳
telinga
トゥリンガ

口
mulut
ムルッ

のど
tekak
トゥカッ

背中
belakang
ブラカン

手
tangan
タンガン

つめ
kuku
クク

腰
pinggang
ピンガン

腹
perut
プルッ

指
jari
ジャリ

腿
paha
パハ

親指
ibu jari
イブ ジャリ

ひざ
lutut
ルトゥッ

つま先
hujung kaki
フジュン カキ

足首
pergelangan kaki
プルグランガン カキ

足
kaki
カキ

電話・通信

Telecommunication
Telekomunikasi

公衆電話 Public Telephones   **Telefon Awam**

公衆電話は空港や主要駅に設置されていますが、街なかではほとんど見かけません。コイン式とテレフォンカード式が主流です。テレフォンカードはコンビニなどで購入できますが、電話会社ごとに種類が異なります。

もしもしサウジャナ・ホテル（ヌルハリザさんのお宅）ですか Hello. Is this the Saujana Hotel (Nurhalizas residence)?	**Helo, ini Hotel Saujana (rumah** ヘロ　イニ　ホテル　サウジャナ　（ルマ **Cik Nurhaliza)?** チッ　ヌルハリザ）
20号室をお願いします Could you connect me to room 20?	**Boleh sambungkan ke bilik 20?** ボレ　　サンブンカン　　ク　ビリッ　ドゥアプル
こちらは山下です This is Yamashita speaking.	**Ini Yamashita.** イニ　ヤマシタ
また電話します I'll call her (him) later.	**Nanti saya telefon lagi.** ナンティ　サヤ　テレフォン　ラギ
もう少しゆっくり話して下さい Could you speak more slowly?	**Tolong cakap perlahan sikit.** トロン　　チャカプ　プルラハン　スィキッ
ごめんなさい。間違えました I'm sorry. I have the wrong number.	**Maaf, salah nombor.** マアフ　サラ　　ノンボル
日本語を話せる人はいますか Does anyone here speak Japanese?	**Ada sesiapa boleh berbahasa** アダ　ススィアパ ボレ　　ブルバハサ **Jepun?** ジュプン

ワードバンク

公衆電話	telefon awam テレフォン アワム	電話番号	nombor telefon ノンボル テレフォン
市外局番	kod kawasan コッ カワサン	受話器	gagang telefon ガガン　テレフォン
テレフォンカード	kad telefon カッ テレフォン	電話帳	buku panduan telefon ブク　パンドゥアン テレフォン
番号案内	panduan telefon パンドゥアン テレフォン	オペレーター	operator オペラトル

133

国際電話 International Calls — **Panggilan Antarabangsa**

国際電話は、ホテルや新型の公衆電話などからダイヤル直通でかけられるほか、オペレーターを通して通話ができます。

日本へ国際電話をかけたいのですが I'd like to make an international call to Japan.	**Saya nak buat panggilan** サヤ　ナッ　ブアッ　パンギラン **antarabangsa ke Jepun.** アンタラバンサ　ク　ジュプン
電話の使い方を教えて下さい Could you tell me how to use the telephone?	**Tolong ajar　macam mana guna** トロン　アジャル　マチャム　マナ　グナ **telefon.** テレフォン
市外局番は <u>03</u>、番号は <u>3123-4567</u> です The area code is 03. The number is <u>3123-4567</u>.	**Kod kawasan 0　3.　Nombor** コッ　カワサン　コソン ティガ ノンボル **3　1　2　3- 4　5 6** ティガ サトゥ ドゥア ティガ ウンパッ リマ ウナム **7.** トゥジュ
00-81-3-3123-4567 とプッシュして下さい。81 は日本の国番号です Dial 00-81-3-3123-4567. "81" is the country code for Japan.	**Sila　dail 0　0- 8　1- 3-** スィラ　ダイル コソン コソン ラパン サトゥ ティガ **3　1　2　3- 4　5 6** ティガ サトゥ ドゥア ティガ ウンパッ リマ ウナム **7.　8　1　adalah kod negara** トゥジュ ラパン サトゥ アダラ　コッ　ヌガラ **Jepun.** ジュプン
<u>コレクトコール</u>で日本へ電話したいのですが I'd like to make a <u>collect call</u> to Japan.	**Saya nak buat panggilan pindah** サヤ　ナッ　ブアッ　パンギラン　ピンダ **bayar ke Jepun.** バヤル　ク　ジュプン
そのままお待ち下さい Please hold the line.	**Tunggu sebentar.** トゥング　スブンタル
誰も出ません There is no answer.	**Tak ada jawapan.** タッ　アダ　ジャワパン
お話し中です The line is busy.	**Talian sibuk.** タリアン　スィブッ

郵便　Mail　　　　　　　　　　　　　　　　**Mel**

　切手は郵便局の窓口のほか、ホテルのフロントや売店、街なかの書店、キオスクなどでも買うことができます。日本の宛名（住所・名前）は日本語で書いてよいのですが、必ず目立つように「**JAPAN**」と書き、航空便の場合は「**AIR MAIL**」と書くことを忘れないようにしましょう。

この絵はがきを日本に送りたいのですが
I'd like to send this postcard to Japan.

Saya nak hantar poskad ini ke
サヤ　ナッ　ハンタル　ポスカッ　イニ　ク
Jepun.
ジュプン

（ホテルのフロントで）ここで出してもらえますか
Can you mail this?

Tolong poskan ini.
トロン　ポスカン　イニ

切手を下さい
Can I have some stamps?

Saya nak setem.
サヤ　ナッ　ステム

★ 航空（船）便でお願いします
By air (sea) mail, please.

Melalui udara (laut).
ムラルイ　ウダラ　（ラウッ）

日本への郵便料金は航空（船）便でいくらですか
How much is the postage for Japan by air (sea) mail?

Berapa bayaran pos ke Jepun
ブラパ　バヤラン　ポス　ク　ジュプン
melalui udara (laut)?
ムラルイ　ウダラ　（ラウッ）

この小包を日本に送りたいのですが
I'd like to send this parcel to Japan.

Saya nak hantar kotak ini ke
サヤ　ナッ　ハンタル　コタッ　イニ　ク
Jepun.
ジュプン

中身は何ですか
What is inside it?

Apa di dalamnya?
アパ　ディ　ダラムニャ

全部印刷物（私物）です
It is all printed matter (personal effects).

Semuanya bahan bercetak
スムアニャ　バハン　ブルチュタッ
(barangan peribadi).
（バランガン　プリバディ）

ワードバンク

速達	pos ekspres ポス エクスプレス	書留	mel berdaftar メル ブルダフタル	小包	kotak コタッ
ポスト	peti surat プティ スラッ	郵便番号	poskod ポスコッ	封筒	sampul surat サンプル スラッ
記念切手	setem kenang-kenangan ステム クナンクナンガン	取扱い注意	kendalikan dengan cermat クンダリカン ドゥンガン チュルマッ		
航空便	melalui udara ムラルイ ウダラ	船便	melalui laut ムラルイ ラウッ	はがき	poskad ポスカッ

インターネット Internet — Internet

山下です。インターネットで予約しました My name is Yamashita. I made a reservation over the Internet.	**Nama saya Yamashita. Saya** ナマ　サヤ　ヤマシタ　サヤ **membuat tempahan di Internet.** ムンブアッ　トゥンパハン　ディ イントゥルネッ
このホテルではインターネットが利用できますか Can I access the Internet in this hotel?	**Boleh saya pakai Internet di** ボレ　サヤ　パカイ　イントゥルネッ ディ **hotel ini?** ホテル イニ
この近くにインターネットカフェはありますか Is there an Internet cafe nearby?	**Ada Internet kafe dekat sini?** アダ　イントゥルネッ カフェ ドゥカッ スィニ
日本語の表示はできますか Can this computer display Japanese characters?	**Komputer ini boleh keluar bahasa** コンプトゥル　イニ ボレ　クルアル バハサ **Jepun?** ジュプン
1時間いくらですか How much does it cost per hour?	**Berapa sejam?** ブラパ　スジャム

ワードバンク

パソコン	komputer コンプトゥル	インターネット	Internet イントゥルネッ		
モニター	monitor モニトル	キーボード	papan kekunci パパン ククンチ	画面	skrin スクリン
マウス	tetikus トゥティクス	クリック	klik クリッ	キー	kekunci ククンチ
電源	power パワー	モジュラージャック	jek modular ジェッ モドゥラル		
無線LAN	wi-fi ワイファイ	インターネットカフェ	Internet kafe イントゥルネッ カフェ		

辞書・リファランス

日馬辞書

あ

アウトレット	kedai barangan クダイ バランガン jenama ジュナマ
アクセサリー店	kedai aksesori クダイ アクセソリ
アクリル	akril アクリル
あご	dagu ダグ
麻	linen リネン
足	kaki カキ
足首	pergelangan プルグランガン kaki カキ
預け入れ手荷物引換証	penyata bagasi プニャタ バガスィ daftar masuk ダフタル マスッ
頭	kepala クパラ

い

ERL	ERL イーアールエル
～行き	ke ～ ク
行き先	destinasi デスティナスィ
椅子	kerusi クルスィ
遺跡	reruntuhan ルルントゥハン
1日の	satu hari サトゥ ハリ
市場	pasar パサル
1等車	gerabak kelas グラバク クラス satu サトゥ
イヤリング/ピアス	anting-anting アンティン アンティン
イリエワニ	buaya tembaga ブアヤ トゥンバガ
入口	pintu masuk ピントゥ マスッ
いり卵	telur masak トゥルル マサッ hancur ハンチュル

インスタント食品	makanan マカナン segera スグラ
インターネット	Internet イントゥルネッ
インターネットカフェ	Internet イントゥルネッ kafe カフェ
インド人街	pekan India プカン インディア
インド料理	masakan マサカン India インディア

う

ウール	bulu bebiri ブル ブビリ
受付	reception / レセプション / meja sambut メジャ サンブッ tetamu トゥタム
ウツボカズラ	periuk monyet プリウッ モニェッ
海	laut ラウッ
上着	pakaian luar / パカイアン ルアル / jaket ジャケッ
運賃	tambang タンバン
運転手	pemandu プマンドゥ

え

エアコン座席	tempat duduk トゥンパッ ドゥドゥッ berhawa ブルハワ dingin ディンギン
エアコン付き	dengan ドゥンガン penghawa プンハワ dingin ディンギン
映画館	panggung パングン wayang ワヤン

営業時間	waktu ワクトゥ perniagaan プルニアガアン
駅	stesen ステセン
エキストラベッド	katil ekstra カティル エクストラ
絵はがき	poskad ポスカッ
襟	kolar コラル
LRT	LRT エルアールティ
エレベーター	lif リフ
鉛筆	pensel ペンセル

お

王宮	istana イスタナ
往復	pergi balik プルギ バリッ
オオコウモリ	keluang クルアン
大通り	jalan besar / ジャラン ブサル / lebuh ルブ
お金	duit ドゥイッ
おつり	baki バキ
親指	ibu jari イブ ジャリ
オランウータン	orang utan オラン ウタン

か

蚊	nyamuk ニャムッ
カーディガン	kardigan カルディガン
カーテン	langsir ランスィル
カーペット（絨毯）	permaidani プルマイダニ
外貨両替証明書	sijil スィジル pertukaran プルトゥカラン wang asing ワン アスィン

海岸	pantai パンタイ
開館時間	waktu buka ワクトゥ ブカ
会計	cashier キャッシャー
改札口	pintu tiket ピントゥ ティケッ
ガイドブック	buku panduan ブク パンドゥアン
ガイド料	bayaran バヤラン pemandu プマンドゥ
街路	jalan ジャラン
化学繊維	serabut buatan スラブッ ブアタン
鏡	cermin チェルミン
鍵	kunci クンチ
学生	pelajar プラジャル
家具店	kedai perabot クダイ プラボッ
傘	payung パユン
火山	gunung berapi グヌン ブラピ
歌手	penyanyi プニャニ
課税	cukai チュカイ
肩	bahu バフ
片道	sehala スハラ
カタログ	katalog カタログ
楽器	alat muzik アラッ ムズィッ
角	selekoh スルコ
カトラリー	kutleri クトレリ
蚊取り線香	lingkaran ubat リンカラン ウバッ nyamuk ニャムッ
下腹部	bahagian バハギアン bawah バワ abdomen アブドムン
紙コップ	cawan kertas チャワン クルタス
紙タオル	tuala kertas トゥアラ クルタス
ガム	gula-gula getah グラグラ グタ
カメラ	kamera カメラ

画面	skrin スクリン
川	sungai スンガイ
観光案内所	pusat プサッ penerangan プヌランガン pelancongan プランチョンガン
勘定書	bil ビル
監督	pengarah プンガラ
館内ツアー	lawatan ラワタン muzium ムズィウム

き

キー	kekunci ククンチ
キーボード	papan kekunci パパン ククンチ
貴重品	barang バラン berharga ブルハルガ
切符	tiket ティケッ
切符売り場	kaunter tiket カウントゥル ティケッ
機内持ち込み 手荷物	bagasi tangan バガスィ タンガン
絹	sutera ストゥラ
記念切手	setem ステム kenang- クナン kenangan クナンガン
記念碑	tugu トゥグ peringatan プリンガタン
木彫り	ukiran kayu ウキラン カユ
客室係	housekeeping ハウスキーピン
客席	penonton プノントン
急行料金	caj tambang チャジ タンバン ekspres エクスプレス
急行列車	keretapi クレタピ ekspres / エクスプレス / tren ekspres トレン エクスプレス
旧跡	kawasan カワサン bersejarah ブルスジャラ

牛乳	susu スス
救命胴衣	jaket ジャケッ keselamatan クスラマタン
教会	gereja / グレジャ / katedral カドドラル
居住者	pemastautin プマスタウティン
金庫	peti deposit プティ デポスィッ selamat スラマッ
銀行	bank バンク
銀工芸	kraftangan クラフタンガン perak ペラッ

く

区	kawasan カワサン
口	mulut ムルッ
口紅	gincu ギンチュ
靴下	stokin ストキン
クッション	kusyen クシェン
グラス	gelas グラス
クリック	klik クリッ
クルーズ船	bot persiaran ボッ プルスィアラン
クレジット カード	kad kredit カッ クレディッ
クローク	cloakroom クロークルーム

け

KLモノレール	KL Monorel ケーエル モノレル
警察	polis ポリス
KTMコミューター	KTM ケーティエム Komuter コムトゥル
～経由	melalui ~ ムラルイ
ケーキ	kek ケッ
劇場	panggung パングン
化粧水	penyegar kulit プニュガル クリッ

化粧品	kosmetik コスメティッ
検疫	kuarantin クアランティン
現金	tunai トゥナイ
検札	pemeriksa プムリクサ tiket ティケッ
現代音楽	lagu moden ラグ モデン

こ

公園	taman タマン
硬貨	syiling シリン
郊外	luar bandar ルアル バンダル
交換率	kadar カダル pertukaran プルトゥカラン
航空券	tiket ティケッ penerbangan プヌルバンガン
公衆電話	telefon awam テレフォン アワム
香水	minyak wangi ミニヤッ ワンギ
紅茶	teh テ
コーヒー	kopi コピ
コーヒーカップ	cawan kopi チャワン コピ
コーヒーポット	teko kopi テコ コピ
国際線	penerbangan プヌルバンガン antarabangsa アンタラバンサ
国内線	penerbangan プヌルバンガン domestik ドメスティッ
午後の	petang プタン
腰	pinggang ピンガン
故障	rosak ロサッ
午前の	pagi パギ
小包	kotak コタッ
骨董品	barangan バランガン antik アンティッ
古典音楽	muzik klasik ムズィッ クラスィッ

子供服	pakaian パカイアン kanak-kanak カナッカナッ
ごみ箱	tong sampah トン サンパ
こわれもの	barang mudah バラン ムダ pecah プチャ
コンセント	soket ソケッ

さ

サービス料	caj チャジ perkhidmatan プルキドマタン
サイチョウ	burung ブルン enggang エンガン
財布	dompet ドンペッ
サイン(署名)	tandatangan タンダタンガン
酒	arak アラッ
座席	tempat トゥンパッ duduk ドゥドゥッ
撮影禁止	dilarang ディララン mengambil ムンガンビル gambar ガンバル
雑貨店	kedai クダイ perhiasan プルヒアサン
雑誌	majalah マジャラ
皿	pinggan ピンガン
サングラス	cermin mata チュルミン マタ hitam ヒタム
サンダル	sandal サンダル
3等車	gerabak kelas グラバッ クラス tiga ティガ

し

市	bandar バンダル
シーツ	alas アラス
シートベルト	tali keledar タリ クルダル
寺院	kuil クイル

ジーンズ	seluar jean スルアル ジン
市外局番	kod kawasan コッ カワサン
市街地	pusat bandar プサッ バンダル
しかし	tapi タピ
時刻表	jadual ジャドゥアル waktu ワクトゥ
事故証明書	laporan ラポラン kemalangan クマランガン
時差	perbezaan プルベザアン waktu ワクトゥ
舌	lidah リダ
下着	baju dalam バジュ ダラム
市庁舎	dewan デワン bandaraya バンダラヤ
室料	harga bilik ハルガ ビリッ
指定席	tempat トゥンパッ duduk ドゥドゥッ tempahan トゥンパハン
支配人	pengurus プングルス
紙幣	wang kertas ワン クルタス
島	pulau プラウ
地味な	kosong コソン
蛇口	paip パイプ
車掌	konduktor コンドゥットゥル
シャツ	kemeja クメジャ
シャワー	shower シャワー
シャワー付き	dengan shower ドゥンガン シャワー
住所	alamat アラマッ
ジュース	jus ジュス
出国税	cukai keluar チュカイ クルアル negara ヌガラ
出発	perlepasan プルルパサン

出発時間	waktu bertolak ワクトゥ ブルトラッ
出発ロビー	ruang berlepas ルアン ブルルパス
受話器	gagang telefon ガガン テレフォン
純金	emas tulen ウマス トゥレン
乗客	penumpang プヌンパン
食堂車	gerabak グラバッ kantin カンティン
植物園	taman タマン botanikal ボタニカル
食器	pinggan ピンガン
ショッピングセンター	pusat プサッ membeli-belah ムンブリブラ
書店	kedai buku クダイ ブク
女優	pelakon wanita プラコン ワニタ
ショルダーバッグ	beg galas bahu ベグ ガラス バフ
シルバー・リーフ・モンキー	lutung ルトゥン
シングルルーム	bilik bujang ビリッ ブジャン
信号	lampu isyarat ランプ イシャラッ
申告	pengakuan / プンガクアン / laporan ラポラン
紳士服	pakaian lelaki パカイアン ルラキ
寝台車	gerabak グラバッ tidur ティドゥル
新聞	suratkhabar スラッカバル

す

水族館	akuarium アクアリウム
スーツ	sut スッ
スーツケース	beg pakaian ベグ パカイアン
スーパーマーケット	pasar raya パサル ラヤ
スカート	skirt スキルト

スケッチ禁止	dilarang ディララン melukis ムルキス
ストッキング	sarung kaki サルン カキ
スナック	snek スネッ
スニーカー	kasut sniker カスッ スニカ
スリッパ	selipar スリパル

せ

税関申告書	borang ボラン pengakuan プンガクアン kastam カスタム
税金	cukai チュカイ
税込み	termasuk トゥルマスッ cukai チュカイ
税未加算	sebelum cukai スブルム チュカイ
生理用ナプキン	tuala wanita トゥアラ ワニタ
セーフティボックス	peti プティ keselamatan クスラマタン
背中	belakang ブラカン
栓	penyumbat プニュンバッ
洗剤	bahan cuci バハン チュチ

そ

騒々しい	bising ビスィン
速達	pos ekspres ポス エクスプレス
ソファ	sofa ソファ
ソンケット	songket ソンケッ
ソンポトン (楽器)	sompoton ソンポトン

た

滞在予定期間	tempoh テンポ lawatan ラワタン
タオル	tuala トゥアラ
滝	air terjun アイル トゥルジュン

タクシー乗り場	perhentian プルフンティアン teksi テクスィ
タックス・リファンド	pemulangan プムランガン cukai チュカイ
谷	lembah ルンバ
たばこ	rokok ロコッ
ダブルルーム	bilik kelamin ビリッ クラミン
タワー	menara ムナラ
ダントゥット	dangdut ダンドゥッ
短パン	seluar pendek スルアル ペンデッ

ち

チーズ	keju ケジュ
チップ	tip ティプ
チャイナタウン	pekan Cina プカン チナ
着陸	ketibaan クティバアン
中国料理	masakan Cina マサカン チナ
チョコレート	coklat チョクラッ
直行バス	bas ekspres バス エクスプレス
直行便	penerbangan プヌルバンガン terus トゥルス

つ

ツアー料金	bayaran バヤラン lawatan ラワタン
ツインルーム	bilik kembar ビリッ クンバル
ツーピース	sut dua スッ ドゥア keping クピン
通路側	sebelah lorong スブラ ロロン
月日	haribulan ハリブラン
机	meja メジャ
つま先	hujung kaki フジュン カキ
つめ	kuku クク

て

手	tangan タンガン
手編み	kait tangan カイッ タンガン
Tシャツ	T-shirt ティーシュッ
ティーポット	teko teh テコ テ
ティッシュ	kertas tisu クルタス ティス
テーブル	meja メジャ
出口	pintu keluar ピントゥ クルアル
手首	pergelangan プルグランガン tangan タンガン
手数料	bayaran / バヤラン / komisen コミセン
テナガザル	ungka ウンカ
デニム	denim デニム
手荷物預かり所	tempat トゥンパッ menyimpan ムニンパン barang バラン
テレビ	televisyen テレヴィシェン
テレフォンカード	kad telefon カッ テレフォン
電気スタンド	lampu berdiri ランプ ブルディリ
テングザル	monyet モニェッ Belanda ブランダ
電源	power パワー
天后宮	Tokong Thean トコン テアン Hou ハウ
電話帳	buku panduan ブク パンドゥアン telefon テレフォン
電話番号	nombor ノンボル telefon テレフォン

と

ドア	pintu ピントゥ
トイレ	tandas タンダス
トイレットペーパー	kertas tandas クルタス タンダス
洞窟	gua グア
搭乗ゲート	pintu masuk ピントゥ マスッ berlepas ブルルパス
搭乗券	pas masuk パス マスッ
銅製品	barangan バランガン gangsa ガンサ
到着	ketibaan クティバアン
到着時間	waktu ワクトゥ ketibaan クティバアン
盗難証明書	laporan ラポラン kecurian クチュリアン
盗難品	barang yang バラン ヤン dicuri ディチュリ
動物園	zoo ズー
トースト	roti bakar ロティ バカル
読書灯	lampu ランプ membaca ムンバチャ
特別行事	acara アチャラ istimewa イスティメワ
図書館	perpustakaan プルプスタカアン
ドライヤー	pengering プングリン rambut ランブッ
トランク	bonet ボネッ
取扱い注意	Kendalikan クンダリカン dengan cermat ドゥンガン チュルマッ
取消し料	bayaran バヤラン pembatalan プンバタラン
ドレス	gaun ガウン

な

ナイトテーブル	meja sisi メジャ スィスィ katil カティル
ナイロン	nilon ニロン

に（前）

長袖	lengan panjang ルンガン パンジャン

に

日用品	barangan バランガン harian ハリアン
2等車	gerabak kelas グラバッ クラス dua ドゥア
日本料理	masakan マサカン Jepun ジュプン
荷物	beg ベグ
入国管理	imigresen イミグレセン
入国審査	pemeriksaan プムリクサアン imigresen イミグレセン
入国目的	tujuan トゥジュアン masuk ke マスッ ク negara ヌガラ
入場券	tiket masuk ティケッ マスッ
入場料	bayaran masuk バヤラン マスッ
ニョニャ料理	masakan マサカン Nyonya ニョニャ

ね

ネクタイ	tali leher タリ レヘル
ネックレス	rantai ランタイ

の

ノースリーブ	tanpa lengan タンパ ルンガン
のど	tekak トゥカッ
のり	gam ガム

は

灰皿	bekas abu ブカス アブ rokok ロコッ
ハイヒール	kasut tumit カスッ トゥミッ tinggi ティンギ

俳優	pelakon プラコン
博物館	muzium ムズィウム
パジャマ	pijama ピジャマ
場所	tempat トゥンパッ
バスターミナル	terminal bas トゥルミナル バス
バスタオル	tuala mandi トゥアラ マンディ
バスタブ	bathtub バスタブ
バスタブ付き	dengan bathtub ドゥンガン バスタブ
バス停	perhentian bas プルフンティアン バス
パスポート	pasport パスポルト
パソコン	komputer コンプトゥル
肌	kulit クリッ
バター	mentega ムンテガ
バッグ	beg ベグ
バティック	batik バティッ
派手な	terang トゥラン
鼻	hidung ヒドゥン
歯ブラシ	berus gigi ブルス ギギ
葉巻	cerut チュルッ
歯磨き粉	ubat gigi ウバッ ギギ
腹	perut プルッ
バルコニー	beranda ベランダ
パン	roti ロティ
ハンカチ	sapu tangan サプ タンガン
番号案内	panduan telefon パンドゥアン テレフォン
半袖	lengan pendek ルンガン ペンデッ
パンツ (ズボン)	seluar スルアル
ハンドバッグ	beg tangan ベグ タンガン
半日の	setengah hari ストゥンガ ハリ
パンプス	kasut sarung カスッ サルン
パンフレット	risalah リサラ

ひ

日帰り旅行	melancong ムランチョン / balik hari バリッ ハリ
非居住者	bukan pemastautin ブカン プマスタウティン
ビザ (査証)	visa ヴィサ
美術館	balai seni バライ スニ
非常ボタン	butang kecemasan ブタン クチュマサン
額	dahi ダヒ
左へ曲がる	belok ke kiri ブロック キリ
日焼け止めクリーム	krim pelindung クリム プリンドゥン
ピューター	piuter ピウトゥル
ビュッフェ (バイキング)	bufet ブフェッ
病院	hospital ホスピタル
広場	medan メダン

ふ

ファンデーション	krim asas クリム アサス
封筒	sampul surat サンプル スラッ
婦人服	pakaian wanita パカイアン ワニタ
普通列車	keretapi biasa / クレタピ ビアサ / tren biasa トレン ビアサ
ブティック	butik ブティッ
ブラインド	bidai ビダイ
ブラウス	blaus ブラウス
プラットホーム	platform プラッフォルム
ブレスレット	gelang グラン
ブローチ	kerongsang クロンサン
ブロック (街区)	blok / kawasan ブロッ / カワサン
文房具	alat tulis アラッ トゥリス

へ

閉館時間	waktu tutup ワクトゥ トゥトゥプ
へそ	pusat プサッ
別送手荷物	bagasi hantar バガスィ ハンタル berasingan ブラスィンガン
ベッド	katil カティル
部屋	bilik ビリッ
ベルト	tali pinggang タリ ピンガン
便器	tandas タンダス

ほ

帽子	topi トピ
宝石	batu permata バトゥ プルマタ
ボールペン	pen ペン
ポケット	poket ポケッ
ポスター	poster ポストゥル
ポスト	peti surat プティ スラッ
ボタン	butang ブタン
ポリエステル	poliester ポリエステル
ボルネオゾウ	gajah Borneo ガジャ ボルネオ
ポロシャツ	kemeja polo クメジャ ポロ
本 (書籍)	buku ブク

ま

マウス	tetikus トゥティクス
枕	bantal バンタル
真っ直ぐ行く	jalan terus ジャラン トゥルス
祭り	pesta ペスタ
窓側	sebelah tingkap スブラ ティンカプ
眉	kening クニン
マレー料理	masakan マサカン Melayu ムラユ

143

み

右へ曲がる	belok ke kanan ブロック カナン
岬	tanjung タンジュン
水	air アイル
湖	tasik タスィッ
水着	baju mandi バジュ マンディ
みぞおち	ulu hati ウル ハティ
見本市	pameran niaga パメラン ニアガ
耳	telinga トゥリンガ
みやげ物店	kedai クダイ cenderamata チェンドゥラマタ
民芸品店	kedai クダイ kraftangan クラフタンガン

む

無効な	tidak sah ティダッ サ
胸	dada ダダ
無料	percuma プルチュマ

め

目	mata マタ
明細書	penyata bil プニャタ ビル
名所	tempat トゥンパッ menarik ムナリッ
目玉焼き	telur goreng トゥルル ゴレン
免税	bebas cukai ベバス チュカイ
免税店	kedai bebas クダイ ベバス cukai チュカイ
免税品	barangan bebas バランガン ベバス cukai チュカイ

も

| 毛布 | selimut スリムッ |
| もし | kalau カラウ |

モジュラージャック | jek modular ジェッ モドゥラル |

モスク	masjid マスジッ
モニター	monitor モニトル
木綿 (コットン)	kapas カパス
森	hutan フタン

や

安売り店	kedai barangan クダイ バランガン murah ムラ
屋台街	kawasan gerai カワサン グライ
薬局	farmasi ファルマスィ
山	gunung グヌン

ゆ

湯	air panas アイル パナス
遊園地	taman hiburan タマン ヒブラン
有効期間	tempoh sah テンポ サ
郵便局	pejabat pos プジャバッ ポス
郵便番号	poskod ポスコッ
茹で卵	telur rebus トゥルル ルブス
指	jari ジャリ
指輪	cincin チンチン

よ

夜市	pasar malam パサル マラム
洋服ダンス	almari アルマリ
洋服店	kedai pakaian クダイ パカイアン
ヨーグルト	yogurt ヨグルッ
浴室	bilik mandi ビリッ マンディ
予防接種証明書	kad kuning カッ クニン
予約	tempahan トゥンパハン

ら

| ライト | lampu ランプ |
| ラフレシア | rafflesia ラフレスィア |

り

リュック	beg galas ベグ ガラス
両替	pertukaran プルトゥカラン wang ワン
両替所	tempat トゥンパッ pertukaran プルトゥカラン wang ワン
料金	tambang タンバン
料金メーター	meter tambang メトゥル タンバン
領収書	resit レスィッ
離陸	perlepasan プルルパサン

れ

冷蔵庫	peti sejuk プティ スジュッ
冷房	penghawa プンハワ dingin ディンギン
レーヨン	sutera tiruan ストゥラ ティルアン
列車 (市電など)	tren トレン
列車 (鉄道)	keretapi クレタピ

ろ

| ローヒール | kasut tumit カスッ トゥミッ rendah ルンダ |
| 露店 | gerai グライ |

わ

ワイシャツ	kemeja クメジャ
忘れ物	barang バラン tertinggal トゥルティンガル
割引	diskaun ディスカウン
湾	teluk トゥルッ
ワンピース	pakaian terus パカイアン トゥルス

馬日辞書

A

acara istimewa アチャラ イスティメワ	特別行事
air アイル	水
air panas アイル パナス	湯
air terjun アイル トゥルジュン	滝
akril アクリル	アクリル
akuarium アクアリウム	水族館
alamat アラマッ	住所
alas アラス	シーツ
alat muzik アラッ ムズィッ	楽器
alat tulis アラットゥリス	文房具
almari アルマリ	洋服ダンス
anting-anting アンティン アンティン	イヤリング / ピアス
arak アラッ	酒
arked アルケッ membeli-belah ムンブリブラ	ショッピング・ アーケード

B

bagasi hantar バガスィ ハンタル berasingan ブラスィンガン	別送手荷物
bagasi tangan バガスィ タンガン	機内持ち込み 手荷物
bahagian bawah バハギアン バワ abdomen アブドムン	下腹部
bahan cuci バハン チュチ	洗剤
bahu バフ	肩
baju dalam バジュ ダラム	下着
baju mandi バジュ マンディ	水着
baki バキ	おつり

balai seni バライ スニ	美術館
bandar バンダル	市
bank バンク	銀行
bantal バンタル	枕
barang バラン berharga ブルハルガ	貴重品
barang mudah バラン ムダ pecah プチャ	こわれもの
barang バラン tertinggal トゥルティンガル	忘れ物
barang yang バラン ヤン dicuri ディチュリ	盗難品
barangan バランガン antik アンティッ	骨董品
barangan bebas バランガン ベバス cukai チュカイ	免税品
barangan バランガン gangsa ガンサ	銅製品
barangan バランガン harian ハリアン	日用品
bas ekspres バス エクスプレス	直行バス
bathtub バスタブ	バスタブ
batik バティッ	バティック
batu permata バトゥ プルマタ	宝石
bayaran バヤラン	手数料
bayaran バヤラン lawatan ラワタン	ツアー料金
bayaran masuk バヤラン マスッ	入場料

bayaran バヤラン pemandu プマンドゥ	ガイド料
bayaran バヤラン pembatalan ブンバタラン	取消し料
bebas cukai ベバス チュカイ	免税
beg ベグ	荷物 / バッグ
beg galas ベグ ガラス	リュック
beg galas bahu ベグ ガラス バフ	ショルダー バッグ
beg pakaian ベグ バカイアン	スーツケース
beg tangan ベグ タンガン	ハンドバッグ
bekas abu rokok ブカス アブ ロコッ	灰皿
belakang ブラカン	背中
belok ke kanan ブロック カナン	右へ曲がる
belok ke kiri ブロック キリ	左へ曲がる
beranda ベランダ	バルコニー
berus gigi ブルス ギギ	歯ブラシ
bidai ビダイ	ブラインド
bil ビル	勘定書
bilik ビリッ	部屋
bilik bujang ビリッ ブジャン	シングルルーム
bilik kelamin ビリッ クラミン	ダブルルーム
bilik kembar ビリッ クンバル	ツインルーム
bilik mandi ビリッ マンディ	浴室
bising ビスィン	騒々しい
blaus ブラウス	ブラウス
blok ブロッ	ブロック (街区)
bonet ボネッ	トランク

145

borang ボラン	税関申告書
pengakuan プンガクアン	
kastam カスタム	
bot persiaran ボップルスィアラン	クルーズ船
buaya tembaga ブアヤ トゥンバガ	イリエワニ
bufet ブフェッ	ビュッフェ（バイキング）
bukan ブカン	非居住者
pemastautin プマスタウティン	
buku ブク	本（書籍）
buku panduan ブク パンドゥアン	ガイドブック
buku panduan telefon ブク パンドゥアン テレフォン	電話帳
bulu bebiri ブル ブビリ	ウール
burung enggang ブルン エンガン	サイチョウ
butang ブタン	ボタン
butang kecemasan ブタン クチュマサン	非常ボタン
butik ブティッ	ブティック

C

caj チャジ	サービス料
perkhidmatan プルキドマタン	
caj tambang チャジ タンバン	急行料金
ekspres エクスプレス	
cashier キャッシャー	会計
cawan kertas チャワン クルタス	紙コップ
cawan kopi チャワン コピ	コーヒーカップ
CD スィディ	CD
cermin チュルミン	鏡
cermin mata hitam チュルミン マタ ヒタム	サングラス
cerut チュルッ	葉巻

cincin チンチン	指輪
cloakroom クロークルーム	クローク
coklat チョクラッ	チョコレート
coli チョリ	ブラジャー
contohnya チョントンニャ	たとえば
cukai チュカイ	税金 / 課税
cukai keluar negara チュカイ クルアル ヌガラ	出国税

D

dada ダダ	胸
dagu ダグ	あご
dahi ダヒ	額
dan ダン	また
dangdut ダンドゥッ	ダントゥット
dengan bathtub ドゥンガン バスタブ	バスタブ付き
dengan penghawa dingin ドゥンガン プンハワ ディンギン	エアコン付き
dengan shower ドゥンガン シャワー	シャワー付き
denim テニム	デニム
destinasi デスティナスィ	行き先
dewan bandaraya デワン バンダラヤ	市庁舎
dilarang melukis ディララン ムルキス	スケッチ禁止
dilarang mengambil gambar ディララン ムンガンビル ガンバル	撮影禁止
diskaun ディスカウン	割引
dompet ドンペッ	財布

duit ドゥイッ	お金
DVD ティヴィディ	DVD

E

emas tulen ウマス トゥレン	純金
ERL イーアールエル	ERL

F

farmasi ファルマスィ	薬局

G

gagang telefon ガガン テレフォン	受話器
gajah Borneo ガジャ ボルネオ	ボルネオゾウ
gam ガム	のり
gaun ガウン	ドレス
gelang グラン	ブレスレット
gelas グラス	グラス
gerabak kantin グラバッ カンティン	食堂車
gerabak kelas dua グラバッ クラス ドゥア	2等車
gerabak kelas satu グラバッ クラス サトゥ	1等車
gerabak kelas tiga グラバッ クラス ティガ	3等車
gerabak tidur グラバッ ティドゥル	寝台車
gerai グライ	露店
gereja グレジャ	教会
gincu ギンチュ	口紅
gua グア	洞窟
gula-gula getah ググラグラ グタ	ガム
gunung グヌン	山
gunung berapi グヌン ブラピ	火山

H

harga bilik ハルガ ビリッ	室料
haribulan ハリブラン	月日
hidung ヒドゥン	鼻
hmm… フム	ええと
hospital ホスピタル	病院
housekeeping ハウスキーピン	客室係
hujung kaki フジュン カキ	つま先
hutan フタン	森

I

ibu jari イブ ジャリ	親指
imigresen イミグレセン	入国管理
Internet イントゥルネッ	インターネット
Internet kafe イントゥルネッ カフェ	インターネットカフェ
istana イスタナ	王宮

J

jadi ジャディ	そこで
jadual waktu ジャドゥアル ワクトゥ	時刻表
jaket keselamatan ジャケッ クスラマタン	救命胴衣
jalan ジャラン	街路
jalan besar / lebuh ジャラン ブサル / ルブ	大通り
jalan terus ジャラン トゥルス	真っ直ぐ行く
jari ジャリ	指
jek modular ジェッ モドゥラル	モジュラージャック
jem ジェム	ジャム
jus ジュス	ジュース

K

kad kredit カッ クレディッ	クレジットカード
kad kuning カッ クニン	予防接種証明書
kad telefon カッ テレフォン	テレフォンカード
kadar pertukaran カダル プルトゥカラン	交換率
kait tangan カイッ タンガン	手編み
kaki カキ	足
kalau カラウ	もし
kamera カメラ	カメラ
kapas カパス	木綿（コットン）
kardigan カルディガン	カーディガン
kasut カスッ	靴
kasut sarung カスッ サルン	パンプス
kasut sniker カスッ スニクル	スニーカー
kasut tumit rendah カスッ トゥミッ ルンダ	ローヒール
kasut tumit tinggi カスッ トゥミッ ティンギ	ハイヒール
katalog カタログ	カタログ
katedral カテドラル	教会
katil カティル	ベッド
katil ekstra カティル エクストラ	エキストラベッド
kaunter tiket カウントゥル ティケッ	切符売り場
kawasan カワサン	区
kawasan bersejarah カワサン ブルスジャラ	旧跡
kawasan gerai カワサン グライ	屋台街
ke ~ ク	〜行き
kedai aksesori クダイ アクセソリ	アクセサリー店

kedai barangan jenama クダイ バランガン ジュナマ	アウトレット
kedai barangan murah クダイ バランガン ムラ	安売り店
kedai bebas cukai クダイ ベバス チュカイ	免税店
kedai buku クダイ ブク	書店
kedai cenderamata クダイ チュンドゥラマタ	みやげ物店
kedai kraftangan クダイ クラフタンガン	民芸品店
kedai pakaian クダイ パカイアン	洋服店
kedai perabot クダイ プラボッ	家具店
kedai perhiasan クダイ プルヒアサン	雑貨店
keju ケジュ	チーズ
kek ケッ	ケーキ
kekunci ククンチ	キー
keluang クルアン	オオコウモリ
kemeja クメジャ	シャツ
kemeja polo クメジャ ポロ	ポロシャツ
Kendalikan dengan cermat クンダリカン ドゥンガン チュルマッ	取扱い注意
kening クニン	眉
kepala クパラ	頭
keretapi クレタピ	列車（鉄道）
keretapi biasa / tren biasa クレタピ ビアサ / トレン ビアサ	普通列車
keretapi ekspres / tren ekspres クレタピ エクスプレス / トレン エクスプレス	急行列車
kerongsang クロンサン	ブローチ
kertas tandas クルタス タンダス	トイレットペーパー

kertas tisu クルタス ティス	ティッシュ
kerusi クルスィ	椅子
ketibaan クティバアン	着陸 / 到着
KL Monorel ケーエル モノレル	KL モノレール
klik クリッ	クリック
kod kawasan コッ カワサン	市外局番
kolar コラル	襟
komisen コミセン	手数料
komputer コンプトゥル	パソコン
konduktor コンドゥクトゥル	車掌
kopi コピ	コーヒー
kosmetik コスメティッ	化粧品
kosong コソン	地味な
kotak コタッ	小包
kraftangan perak クラフタンガン ペラッ	銀工芸
krim asas クリム アサス	ファンデーション
krim pelindung クリム プリンドゥン	日焼け止めクリーム
KTM Komuter ケーティエム コムトゥル	KTM コミューター
kuarantin クアランティン	検疫
kuil クイル	寺院
kuku クク	つめ
kulit クリッ	肌
kunci クンチ	鍵
kusyen クシェン	クッション
kutleri クトレリ	カトラリー

L

lagu moden ラグ モデン	現代音楽
lampu ランプ	ライト
lampu berdiri ランプ ブルディリ	電気スタンド
lampu isyarat ランプ イシャラッ	信号
lampu membaca ランプ ムンバチャ	読書灯
langsir ランスィル	カーテン
laporan kecurian ラポラン クチュリアン	盗難証明書
laporan kemalangan ラポラン クマランガン	事故証明書
laut ラウッ	海
lawatan muzium ラワタン ムズィウム	館内ツアー
lembah ルンバ	谷
lengan panjang ルンガン パンジャン	長袖
lengan pendek ルンガン ペンデッ	半袖
lidah リダ	舌
lif リフ	エレベーター
linen リネン	麻
lingkaran ubat nyamuk リンカラン ウバッ ニャムッ	蚊取り線香
LRT エルアールティ	LRT
luar bandar ルアル バンダル	郊外
lutung ルトゥン	シルバー・リーフ・モンキー
lutut ルトゥッ	ひざ

M

majalah マジャラ	雑誌
makanan segera マカナン スグラ	インスタント食品
masakan Cina マサカン チナ	中国料理
masakan India マサカン インディア	インド料理
masakan Jepun マサカン ジュプン	日本料理
masakan Melayu マサカン ムラユ	マレー料理
masakan Nyonya マサカン ニョニャ	ニョニャ料理
masjid マスジッ	モスク
mata マタ	目
medan メダン	広場
meja メジャ	机
meja sambut tetamu メジャ サンブッ トゥタム	受付
meja sisi katil メジャ スィスィ カティル	ナイトテーブル
mel berdaftar メル ブルダフタル	書留
melalui ~ ムラルイ	~経由
melancong balik hari ムランチョン バリッ ハリ	日帰り旅行
menara ムナラ	タワー
mentega ムンテガ	バター
meter tambang メトゥル タンバン	料金メーター
minyak wangi ミニャッ ワンギ	香水
monitor モニトル	モニター
monyet Belanda モニェッ ブランダ	テングザル
mulut ムルッ	口
muzik klasik ムズィッ クラスィッ	古典音楽
muzium ムズィウム	博物館

N

nilon ニロン	ナイロン
nombor telefon ノンボル テレフォン	電話番号
nyamuk ニャムッ	蚊

O

| oh ya オ ヤ | ところで |
| operator オペラトル | 交換手 |

orang utan オラン ウタン	オラン ウータン	pelakon プラコン	俳優	penyata bagasi プニャタ バガシィ daftar masuk ダフタル マスッ	預け入れ 手荷物引換証
		pelakon wanita プラコン ワニタ	女優	penyata bil プニャタ ビル	明細書
P		pemandu プマンドゥ	運転手	penyegar kulit プニュガル クリッ	化粧水
pagi パギ	午前の	pemastautin プマスタウティン	居住者	penyumbat プニュンバッ	栓
paha パハ	腿	pemeriksa プムリクサ tiket ティケッ	検札	perbezaan プルベザアン waktu ワクトゥ	時差
paip パイプ	蛇口	pemeriksaan プムリクサアン imigresen イミグレセン	入国審査	percuma プルチュマ	無料
pakaian バカイアン kanak-kanak カナックナッ	子供服	pemulangan プムランガン cukai チュカイ	タックス・ リファンド	pergelangan プルグランガン kaki カキ	足首
pakaian lelaki バカイアン ルラキ	紳士服	pen ペン	ボールペン	pergelangan プルグランガン tangan タンガン	手首
pakaian luar バカイアン ルアル	上着	penerbangan プヌルバンガン antarabangsa アンタラバンサ	国際線	pergi balik プルギ バリッ	往復
pakaian terus バカイアン トゥルス	ワンピース	penerbangan プヌルバンガン domestik ドメスティッ	国内線	perhentian bas プルフンティアン バス	バス停
pakaian wanita バカイアン ワニタ	婦人服	penerbangan プヌルバンガン terus トゥルス	直行便	perhentian プルフンティアン teksi テクスィ	タクシー 乗り場
pameran niaga バメラン ニアガ	見本市	pengakuan / プンガクアン / laporan ラポラン	申告	periuk monyet プリウッ モニェッ	ウツボカズラ
panduan バンドゥアン telefon テレフォン	番号案内	pengarah プンガラ	監督	perlepasan プルルバサン	出発 / 離陸
panggung バングン	劇場	pengering プングリン rambut ランブッ	ドライヤー	permaidani プルマイダニ	カーペット (絨毯)
panggung バングン wayang ワヤン	映画館	pengesahan プングサハン semula スムラ tempahan トゥンバハン	予約の再確認	perpustakaan プルプスタカアン	図書館
pantai バンタイ	海岸	penghawa プンハワ dingin ディンギン	冷房	pertama sekali プルタマ スカリ	まず
papan kekunci バパン ククンチ	キーボード	pengurus プングルス	支配人	pertukaran プルトゥカラン wang ワン	両替
pas masuk バス マスッ	搭乗券	penonton プノントン	客席	perut プルッ	腹
pasar バサル	市場	pensel ペンセル	鉛筆	pesta ペスタ	祭り
pasar malam バサル マラム	夜市	penumpang プヌンパン	乗客	petang プタン	午後の
pasar raya バサル ラヤ	スーパー マーケット	penyanyi プニャニ	歌手	peti deposit プティ デポスィッ selamat スラマッ	金庫
pasport バスポルト	パスポート			peti プティ keselamatan クスラマタン	セーフティ ボックス
payung バユン	傘			peti sejuk プティ スジュッ	冷蔵庫
pejabat pos プジャバッ ポス	郵便局			peti surat プティ スラッ	ポスト
pekan Cina プカン チナ	チャイナ タウン				
pekan India プカン インディア	インド人街				
pelajar プラジャル	学生				

P
I
T

pijama ピジャマ	パジャマ	reruntuhan ルルントゥハン	遺跡
pinggan ピンガン	皿	resit レシッ	領収書
pinggang ピンガン	腰	risalah リサラ	パンフレット
pintu ピントゥ	ドア	rokok ロコッ	たばこ
pintu keluar ピントゥ クルアル	出口	rosak ロサッ	故障
pintu masuk ピントゥ マスッ	入口	roti ロティ	パン
pintu masuk berlepas ピントゥ マスッ ブルルパス	搭乗ゲート	roti bakar ロティ バカル	トースト
pintu tiket ピントゥ ティケッ	改札口	ruang berlepas ルアン ブルルパス	出発ロビー
piuter ピウトゥル	ピューター		

S

platform プラッフォルム	プラットホーム	sampul surat サンプル スラッ	封筒
poket ポケッ	ポケット	sandal サンダル	サンダル
poliester ポリエステル	ポリエステル	sapu tangan サプ タンガン	ハンカチ
polis ポリス	警察	sarung kaki サルン カキ	ストッキング
pos ekspres ポス エクスプレス	速達	satu hari サトゥ ハリ	1日の
poskad ポスカッ	絵はがき	sebelah lorong スブラ ロロン	通路側
poskod ポスコッ	郵便番号	sebelah tingkap スブラ ティンカプ	窓側
poster ポストゥル	ポスター	sebelum cukai スブルム チュカイ	税未加算
power パワー	電源	sebenarnya スブナルニャ	実は
pulau プラウ	島	sehala スハラ	片道
pusat プサッ	へそ	selekoh スルコ	角
pusat bandar プサッ バンダル	市街地	selimut スリムッ	毛布
pusat membeli-belah プサッ ムンブリブラ	ショッピングセンター	selipar スリパル	スリッパ
pusat penerangan pelancongan プサッ プナランガン プランチョンガン	観光案内所	seluar スルアル	パンツ (ズボン)
		seluar dalam lelaki スルアル ダラム ルラキ	トランクス

R

rafflesia ラフレスィア	ラフレシア	seluar dalam wanita スルアル ダラム ワニタ	ショーツ
rantai ランタイ	ネックレス	seluar jean スルアル ジン	ジーンズ
reception レセプション	受付	seluar pendek スルアル ペンデッ	短パン

serabut buatan スラブッ ブアタン	化学繊維
setem kenang-kenangan ステム クナン クナンガン	記念切手
setengah hari ストゥンガ ハリ	半日の
shower シャワー	シャワー
sijil スィジル pertukaran プルトゥカラン wang asing ワン アスィン	外貨両替証明書
siku スィク	ひじ
skirt スキルト	スカート
skrin スクリン	画面
snek スネッ	スナック
sofa ソファ	ソファ
soket ソケッ	コンセント
sompoton ソンポトン	ソンポトン (楽器)
songket ソンケッ	ソンケット
stesen ステセン	駅
stokin ストキン	靴下
sudah pasti スダ パスティ	もちろん
sungai スンガイ	川
suratkhabar スラッカバル	新聞
susu スス	牛乳
sut スッ	スーツ
sut dua keping スッ ドゥア クピン	ツーピース
sutera ストゥラ	絹
sutera tiruan ストゥラ ティルアン	レーヨン
syiling シリン	硬貨

T

tali keledar タリ クルダル	シートベルト

tali leher タリ レヘル	ネクタイ	tempat duduk トゥンパッドゥドゥッ berhawa ブルハワ dingin ディンギン	エアコン座席
tali pinggang タリ ピンガン	ベルト		
taman タマン	公園	tempat duduk トゥンパッドゥドゥッ tempahan トゥンパハン	指定席
taman タマン botanikal ボタニカル	植物園		
		tempat トゥンパッ menarik ムナリッ	名所
taman hiburan タマン ヒブラン	遊園地		
tambang タンバン	運賃 / 料金	tempat トゥンパッ menyimpan ムニンパン barang バラン	手荷物 預かり所
tandas タンダス	トイレ / 便器		
tandatangan タンダタンガン	サイン(署名)	tempat トゥンパッ pertukaran プルトゥカラン wang ワン	両替所
tangan タンガン	手		
tanjung タンジュン	岬		
tanpa lengan タンパ ルンガン	ノースリーブ	tempoh lawatan テンポ ラワタン	滞在予定期間
tapi タピ	しかし	tempoh sah テンポ サ	有効期間
tasik タスィッ	湖	terang トゥラン	派手な
teh テ	紅茶	termasuk cukai トゥルマスッ チュカイ	税込み
tekak トゥカッ	のど	terminal bas トゥルミナル バス	バスターミナル
teko kopi テコ コピ	コーヒー ポット	tetikus トゥティクス	マウス
		tidak sah ティダッ サ	無効な
teko teh テコ テ	ティーポット	tiket ティケッ	切符
telefon awam テレフォン アワム	公衆電話	tiket masuk ティケッ マスッ	入場券
televisyen テレヴィシェン	テレビ	tiket ティケッ penerbangan プヌルバンガン	航空券
telinga トゥリンガ	耳		
teluk トゥルッ	湾	tip ティプ	チップ
telur goreng トゥルル ゴレン	目玉焼き	Tokong Thean トコン テアン Hou ハウ	天后宮
telur masak トゥルル マサッ hancur ハンチュル	いり卵		
		tong sampah トン サンパ	ごみ箱
telur rebus トゥルル ルブス	ゆで卵	topi トピ	帽子
tempahan トゥンパハン	予約	tren トレン	列車 (市電など)
tempat トゥンパッ	場所	T-shirt ティーシュッ	Tシャツ
tempat duduk トゥンパッドゥドゥッ	座席	tuala トゥアラ	タオル

tuala kertas トゥアラ クルタス	紙タオル
tuala mandi トゥアラ マンディ	バスタオル
tuala wanita トゥアラ ワニタ	生理用ナプキン
tugu peringatan トゥグ プリンガタン	記念碑
tujuan トゥジュアン masuk ke マスッ ク negara ヌガラ	入国目的
tunai トゥナイ	現金

U

ubat gigi ウバッ ギギ	歯磨き粉
ukiran kayu ウキラン カユ	木彫り
ulu hati ウル ハティ	みぞおち
ungka ウンカ	テナガザル

V

visa ヴィサ	ビザ (査証)

W

waktu bertolak ワクトゥ ブルトラッ	出発時間
waktu buka ワクトゥ ブカ	開館時間
waktu ketibaan ワクトゥ クティバアン	到着時間
waktu ワクトゥ perniagaan プルニアガアン	営業時間
waktu tutup ワクトゥ トゥトゥプ	閉館時間
wang kertas ワン クルタス	紙幣
warna muda ワルナ ムダ	淡い色
wi-fi ワイファイ	wi-fi

Y

yang pasti ヤン パスティ	とにかく
yogurt ヨグルッ	ヨーグルト

Z

zoo ズー	動物園

リファランス

マレーシア語の文法

マレーシア語は文語と口語の差が比較的大きい言語です。本書では、主として会話における口語表現を扱っていますので、本項でも口語の表現を基本とした文法の解説を行います。

1 名詞

マレーシア語の名詞には、単数と複数の区別はありません。文脈によって単数の意味にも複数の意味にもなります。また、名詞を繰り返すことで複数を明示することもできます。

例) **orang**（人）　　　　　　　　　　**orang-orang**（人々）
　　オラン　　　　　　　　　　　　　　　　オランオラン

2 代名詞

(1) 人称代名詞

	単数	複数
一人称	**saya** サヤ **aku**（口語） アク	**kami**（聞き手を含まない） カミ **kita**（聞き手を含む） キタ
二人称	**encik**（男性）/ **cik**（女性）、 ウンチッ　　　　/ チッ **awak**（口語）、**anda**（丁寧な表現） アワッ　　　　　アンダ	**encik sekalian**（男性）/ ウンチッ スカリアン **cik sekalian**（女性） チッ スカリアン
三人称	**dia**、**ia** ディア イア	**mereka** ムレカ

☆ 一、二人称では、相手との年齢差に応じて
　abang、**bang**（年上の男性、お兄さん）　**kakak**、**kak**（年上の女性、お姉さん）
　アバン　　バン　　　　　　　　　　　　　　　カカッ　　カッ
　adik、**dik**（年下）　　　　　　　　　　　**pak cik / mak cik**（おじさん／おばさん）
　アディッ ディッ　　　　　　　　　　　　　　　パッ チッ / マッ　チッ

などの一般名詞を使うこともできます。
また、二人称の **encik**（男性）/ **cik**（女性）を省略せずに入れると、丁寧な表現になります。

例) **Encik / Cik cakap apa?**（なんとおっしゃったのですか）
　　ウンチ / チッ チャカプ アパ

(2) 指示代名詞

	これ	**ini** イニ	それ/あれ	**itu** イトゥ		
もの	これ	**ini** イニ	それ/あれ	**itu** イトゥ		
場所	ここ	**sini** スィニ	そこ	**situ** スィトゥ	あそこ	**sana** サナ

(3) yang
ヤン
yang には後に続く表現をまとめて「〜なもの」という意味があります。

例) **yang merah**（赤いもの）　　　　　**yang lain**（他のもの）
　　ヤン　メラ　　　　　　　　　　　　　　ヤン　ライン

3 修飾語

日本語とは逆に、修飾語は名詞の後に置かれます。

(1) 名詞（人称代名詞、指示代名詞を含む）が名詞につく場合

例）**nama saya**（私の名前）　　**rumah itu**（あの家）
　　ナマ　サヤ　　　　　　　　　　　ルマ　イトゥ

(2) 形容詞が名詞につく場合

例）**bilik kosong**（空室）
　　ビリッ コソン

4 動詞

動詞は、時制や人称による変化はありません。時制は主に助動詞を用いて区別されます。文語では、動詞には接頭辞、接尾辞がついて細かく意味が変化しますが、口語では接頭辞は省略されることがほとんどです。

5 基本文型

基本文型は英語と似ています。ただし、とくに口語では、文脈上主語が明らかな場合には省略されることも少なくありません。

(1) 主語＋補語（名詞、形容詞など）
この場合、英語の be 動詞にあたるものはありません。

例）**Saya orang Jepun.**（私は日本人です）
　　サヤ　オラン　ジュプン

(2) 主語＋動詞（＋目的語など）

例）**Mereka berikan saya hadiah.**（彼らは私にプレゼントをくれた）
　　ムレカ　ブリカン　サヤ　ハディア

6 助動詞

(1) 時制をあらわす助動詞

☆ 完了（すでに～した）：**sudah / telah**
　　　　　　　　　　　　　スダ　／ トゥラ
　例）**Saya sudah makan malam.**（もう夕飯は済ませました）
　　　サヤ　スダ　マカン　マラム

☆ 未完了（まだ～していない）：**belum**
　　　　　　　　　　　　　　　ブルム
　例）**Dia belum tiba lagi.**（彼はまだ着いていない）
　　　ディア ブルム　ティバ ラギ

☆ 継続（まだ～している）：**masih**
　　　　　　　　　　　　　マスィ
　例）**Anak itu masih tidur.**（あの子はまだ寝ている）
　　　アナッ イトゥ マスィ ティドゥル

☆ 現在進行（今～している）：**sedang**
　　　　　　　　　　　　　　スダン
　例）**Mereka sedang rehat.**（彼らは今休んでいる）
　　　ムレカ　スダン　レハッ

☆ 未来（～するだろう）：**akan**
　　　　　　　　　　　　アカン
　例）**Fatimah akan datang sini esok.**（ファティマは明日ここにくる）
　　　ファティマ アカン ダタン　スィニ エソッ

☆ 経験（～したことがある）：**pernah / sudah**
　　　　　　　　　　　　　　ブルナ　／ スダ
　例）**Bapa pernah lawat ke Malaysia.**（父はマレーシアを訪れたことがある）
　　　バパ　ブルナ　ラワッ　ク　マレイスィア

(2) その他の助動詞　（→基本表現　P39、P40、P42）

義務（〜しなければ ならない）	**mesti / harus / perlu** ムスティ / ハルス / プルル
可能（〜できる） 許可（〜してもよい）	**boleh / dapat / pandai** ボレ / ダパッ / パンダイ **boleh** は「〜できる」という場合と、「〜してもよい」という許可を示す場合とがあります。「〜する能力がある」という場合には **pandai** を使います。
希望（〜したい）	**mau / nak**（口語表現） マウ / ナッ

7 疑問文

(1) 疑問詞を使わない場合

① 平叙文のまま語尾を上げて発音する
② 文末に kah をつける
　（助動詞や動詞の後に kah をつけて語頭に持ってくる場合もある）
③ 語頭に **Adakah** をつける
という3つの方法があります。

例）① **Buah ini durian?**（この果物はドリアンですか）
　　　 ブア　イニ ドゥリアン

　　② **Encik orang Jepunkah?**（あなた〔男性〕は日本人ですか）
　　　 ウンチッ オラン　ジュプンカ

　　③ **Adakah masakan ini pedas?**（この料理は辛いですか）
　　　 アダカ　　マサカン　イニ プダス

　　　これに対する返答は、**Ya**（はい）または **Tidak**（いいえ）になります。
　　　　　　　　　　　　　　ヤ　　　　　　　　　　ティダッ

(2) 疑問詞を用いる場合　（→基本表現　P44、P46）

語順は、疑問詞を先頭に持ってくることも、平叙文と同じ語順で尋ねたい情報の部分に疑問詞を置くこともできます。

何	**apa** アパ	誰	**siapa** スィアパ	どこ	**mana** マナ

Mana はどこへ（**ke mana**）、どこに（**di mana**）、どこから（**dari mana**）、どれ
　　　　　　　　　　　　　ク　マナ　　　　　　　ディ マナ　　　　　　　　ダリ　マナ
（**yang mana**）など、前置詞と結びつくことが多いです。
　ヤン　マナ

例）**Pergi ke mana?**（どこへ行くのですか）
　　プルギ ク マナ

　　Di mana tandas?（トイレはどこですか）
　　ディ マナ タンダス

　　Dari mana?（どこからいらしたのですか）
　　ダリ　マナ

いくら・どのくらい	**berapa** ブラパ

単に **Berapa?** と言うと価格を尋ねる表現になります。これに名詞や形容詞が結びついてさまざまな数量を尋ねる表現になります。

例）**Ini berapa?**（これはいくらですか）
　　イニ ブラパ

　　Berapa lama di Malaysia?（マレーシアにはどのくらい滞在していますか）
　　ブラパ　ラマ　ディ マレイスィア

いつ	**bila** ビラ	なぜ	**mengapa / kenapa** ムンガパ / クナパ	どのように	**bagaimana / macam mana** バガイマナ / マチャム マナ

8 否定文

(1) **名詞を否定する場合：bukan**
ブカン

例) **Saya bukan orang Malaysia.**（私はマレーシア人ではありません）
サヤ　ブカン　オラン　マレイスィア

(2) **名詞以外を否定する場合：tidak / tak（口語表現）**
ティダッ / タッ

例) **Teh ini tidak manis.**（この紅茶は甘くない）
テ　イニ ティダッ マニス

Saya tak tahu.（知りません）
サヤ　タッ タフ

9 命令文

(1) **依頼（自分のために〜して下さい）：tolong**
トロン

例) **Tolong ambil gambar.**（写真を撮って下さい）
トロン　アンビル ガンバル

(2) **勧誘：sila（相手に〜して下さい）、mari（一緒に〜しましょう）**
スィラ　　　　　　　　　　　　　　　　　　　　　　マリ

例) **Sila duduk.**（座って下さい）
スィラ ドゥドゥッ

Mari kita pergi ke pasar.（マーケットに行きましょう）
マリ　キタ プルギ ク パサル

10 前置詞

〜に、〜で（場所）	**di** ディ	〜から（場所、時間）	**dari** ダリ
〜へ（場所）	**ke** ク	〜に（人、時間）	**pada** パダ

11 接頭辞、接尾辞

　マレーシア語における文語と口語との大きな違いは多数の接頭辞、接尾辞の存在です。文語にはたくさんの接頭辞、接尾辞があり、一つの単語から多くの派生語ができます。接頭辞がつく際には、一部の単語は綴り、発音が変化することがあります。「jalan ジャラン（歩く、道）」という語を例にとると、以下のような派生語ができます。

(1) **動詞化する接頭辞、接尾辞**

berjalan（歩く）
ブルジャラン

berjalan-jalan（散歩する）
ブルジャランジャラン

menjalankan（実行する）
ムンジャランカン

menjalani（経験する）
ムンジャラニ

dijalankan（実行される）
ディジャランカン

(2) **名詞化する接頭辞、接尾辞**

jalanan（道）
ジャラナン

pejalan（歩行者）
プジャラン

perjalanan（旅程）
プルジャラナン

penjalan（実行者）
プンジャラン

資料

1 パーソナルデータ

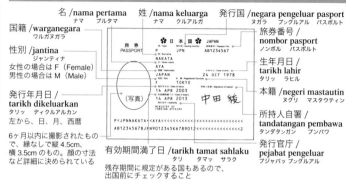

名 /nama pertama ナマ プルタマ

姓 /nama keluarga ナマ クルアルガ

発行国 /negara pengeluar pasport ヌガラ プングルアル パスポルト

国籍 /warganegara ワルガヌガラ

性別 /jantina ジャンティナ
女性の場合は F (Female)
男性の場合は M (Male)

発行年月日 /tarikh dikeluarkan タリッ ティクルアルカン
左から、日、月、西暦

6ヶ月以内に撮影されたもので、縁なしで縦4.5cm、横3.5cmのもの。顔の寸法など詳細に決められている

旅券番号 /nombor pasport ノンボル パスポルト

生年月日 /tarikh lahir タリッ ラヒル

本籍 /negeri mastautin ヌグリ マスタウティン

所持人自署 /tandatangan pembawa タンダタンガン プンバワ

発行官庁 /pejabat pengeluar プジャバッ プングルアル

有効期間満了日 /tarikh tamat sahlaku タリ タマッ サラク
残存期間に規定がある国もあるので、出国前にチェックすること

2 職業

会社員 company employee	pekerja syarikat プクルジャ シャリカッ	公務員 government employee	pegawai プガワイ kerajaan クラジャアン
会社社長 president	presiden プレスィデン	教師 teacher	guru グル
農業 farmer	petani プタニ	学生 student	pelajar プラジャル
漁業 fisherman	nelayan ヌラヤン	主婦 housewife	suri rumah スリ ルマ
商店経営者 shop owner	pemilik kedai プミリッ クダイ	銀行員 bank clerk	pegawai bank プガワイ バンク
		技師 engineer	jurutera ジュルトゥラ

工員 factory worker	pekerja kilang プクルジャ キラン
医師 medical doctor	doktor ドクトル
自由業 free-lancer	pekerja bebas プクルジャ ペバス
フリーター / パート / アルバイト part-timer	pekerja プクルジャ sambilan サンビラン
無職 unemployed	penganggur プンガングル

3 家族

夫 husband	suami スアミ	母 mother	ibu イブ	兄 older brother	abang アバン
妻 wife	isteri イストゥリ	息子 son	anak lelaki アナッ ルラキ	姉 older sister	kakak カカッ
夫婦 husband and wife/couple	pasangan suami パサンガン スアミ isteri イストゥリ	娘 daughter	anak アナッ perempuan プルンプアン	弟 younger brother	adik lelaki アディッルラキ
両親 parents	ibu bapa イブ ババ	祖父 grandfather	datuk ダトゥッ	妹 younger sister	adik アディッ perempuan プルンプアン
子供 child	anak アナッ	祖母 grandmother	nenek ネネッ	伯父 / 叔父 uncle	pak cik パッ チッ
父 father	bapa ババ	孫 grandchild	cucu チュチュ	伯母 / 叔母 aunt	mak cik マッ チッ

| 甥 nephew | anak saudara アナッ サウダラ lelaki ルラキ | 従兄弟 / 従姉妹 cousin | sepupu スププ | 義姉 / 義妹 sister in law | kakak ipar / カカッ イパル / adik ipar アディッ イパル perempuan プルンプアン |
| 姪 niece | anak saudara アナッ サウダラ perempuan プルンプアン | 義兄 / 義弟 brother in law | abang ipar / アバン イパル / adik ipar アディッ イパル lelaki ルラキ | | |

4 時間・日

1時間 one hour	sejam スジャム	午後 afternoon	petang プタン	今日の午後 this afternoon	petang ini プタン イニ
半時間 (30分) half an hour	setengah jam ストゥンガ ジャム	夕方 evening	senja スンジャ	今夜 tonight	malam ini マラム イニ
1分 one minute	seminit スミニッ	夜 night	malam マラム	昨日 yesterday	semalam スマラム
5分 five minutes	lima minit リマ ミニッ	今朝 this morning	pagi ini パギ イニ	おととい the day before yesterday	kelmarin クルマリン
午前 morning	pagi パギ	今日 today	hari ini ハリ イニ	明日 tomorrow	esok エソッ
正午 noon	tengah hari トゥンガ ハリ				

5 週・曜日

週 week	minggu ミング	金曜日 Friday	Jumaat ジュマアッ	平日 weekday	hari bekerja ハリ ブクルジャ
日曜日 Sunday	Ahad アハッ	土曜日 Saturday	Sabtu サブトゥ	週末 weekend	hujung minggu フジュン ミング
月曜日 Monday	Isnin イスニン	今週 this week	minggu ini ミング イニ	祝日 holiday	hari cuti ハリ チュティ
火曜日 Tuesday	Selasa スラサ	先週 last week	minggu lepas ミング ルパス	記念日 anniversary	hari ulang ハリ ウラン tahun タフン
水曜日 Wednesday	Rabu ラブ	来週 next week	minggu depan ミング ドゥパン	誕生日 birthday	hari jadi ハリ ジャディ
木曜日 Thursday	Khamis カミス				

6 月・年・季節

1月 January	Januari ジャヌアリ	9月 September	September セプテンブル	今年 this year	tahun ini タフン イニ
2月 February	Februari フェブルアリ	10月 October	Oktober オクトブル	去年 last year	tahun lepas タフン ルパス
3月 March	Mac マッ	11月 November	November ノヴェンブル	来年 next year	tahun depan タフン ドゥパン
4月 April	April エイプリル	12月 December	Disember ディセンブル	雨期 the rainy season	musim hujan ムスィム フジャン
5月 May	Mei メイ	正月 new year	tahun baru タフン バル	乾期 the dry season	musim panas ムスィム パナス
6月 June	Jun ジュン	今月 this month	bulan ini ブラン イニ	西暦 the Christian Era	kalendar Masihi カレンダル マスィヒ
7月 July	Julai ジュライ	先月 last month	bulan lepas ブラン ルパス	イスラム暦 the Muslim calendar	kalendar Hijrah カレンダル ヒジュラ
8月 August	Ogos オゴス	来月 next month	bulan depan ブラン ドゥパン		

157

7 数字

0 zero	**kosong** コソン	13 thirteen/ thirteenth	**tiga belas /** ティガ ブラス / **ketiga belas** クティガ ブラス	30 thirty/thirtieth	**tiga puluh /** ティガ プル / **ketiga puluh** クティガ プル
1 one/first	**satu / pertama** サトゥ / ブルタマ	14 fourteen/ fourteenth	**empat belas /** ウンパッ ブラス / **keempat belas** クウンパッ ブラス	40 forty/fortieth	**empat puluh /** ウンパッ プル / **keempat puluh** クウンパッ プル
2 two/second	**dua / kedua** ドゥア / クドゥア	15 fifteen/fifteenth	**lima belas /** リマ ブラス / **kelima belas** クリマ ブラス	50 fifty/fiftieth	**lima puluh /** リマ プル / **kelima puluh** クリマ プル
3 three/third	**tiga / ketiga** ティガ / クティガ	16 sixteen/ sixteenth	**enam belas /** ウナム ブラス / **keenam belas** クウナム ブラス	60 sixty/sixtieth	**enam puluh /** ウナム プル / **keenam puluh** クウナム プル
4 four/fourth	**empat /** ウンパッ / **keempat** クウンパッ	17 seventeen/ seventeenth	**tujuh belas /** トゥジュ ブラス / **ketujuh belas** クトゥジュ ブラス	70 seventy/ seventieth	**tujuh puluh /** トゥジュ プル / **ketujuh puluh** クトゥジュ プル
5 five/fifth	**lima / kelima** リマ / クリマ	18 eighteen/ eighteenth	**lapan belas /** ラパン ブラス / **kelapan belas** クラパン ブラス	80 eighty/ eightieth	**lapan puluh /** ラパン プル / **kelapan puluh** クラパン プル
6 six/sixth	**enam / keenam** ウナム / クウナム	19 nineteen/ nineteenth	**sembilan belas /** スンビラン ブラス / **kesembilan belas** クスンビラン ブラス	90 ninety/ ninetieth	**sembilan puluh /** スンビラン プル / **kesembilan puluh** クスンビラン プル
7 seven/seventh	**tujuh / ketujuh** トゥジュ / クトゥジュ	20 twenty/ twentieth	**dua puluh /** ドゥア プル / **kedua puluh** クドゥア プル	100 hundred/ hundredth	**seratus /** スラトゥス / **keseratus** クスラトゥス
8 eight/eighth	**lapan / kelapan** ラパン / クラパン	21 twenty-one/ twenty-first	**dua puluh satu /** ドゥア プル サトゥ / **kedua puluh satu** クドゥア プル サトゥ	1000 thousand/ thousandth	**seribu / keseribu** スリブ / クスリブ
9 nine/ninth	**sembilan /** スンビラン / **kesembilan** クスンビラン				
10 ten/tenth	**sepuluh /** スプル / **kesepuluh** クスプル				
11 eleven/ eleventh	**sebelas /** スブラス / **kesebelas** クスブラス				
12 twelve/twelfth	**dua belas /** ドゥア ブラス / **kedua belas** クドゥア ブラス				

8 国・国民

アメリカ合衆国 the United States of America/ American	**Amerika /** アメリカ / **Orang Amerika** オラン アメリカ	韓国 Korea/Korean	**Korea /** コレア / **Orang Korea** オラン コレア	日本 Japan/ Japanese	**Jepun /** ジュプン / **Orang Jepun** オラン ジュブン
イギリス Great Britain, the United Kingdom/ English	**Great Britain /** グレート ブリテン / **Orang Inggeris** オラン イングリス	カンボジア Cambodia/ Cambodian	**Kemboja /** クンボジャ / **Orang Kemboja** オラン クンボジャ	ニュージー ランド New Zealand/ New Zealander	**New Zealand /** ニュ ーズィーランド / **Orang New Zealand** オラン ニューズィーランド
インド India/Indian	**India /** インディア / **Orang India** オラン インディア	シンガポール Singapore/ Singaporean	**Singapura /** スィンガプラ / **Orang Singapura** オラン スィンガプラ	フィリピン the Philippines/ Philippine	**Filipina /** フィリピナ / **Orang Filipina** オラン フィリピナ
インドネシア Indonesia/ Indonesian	**Indonesia /** インドネスィア / **Orang Indonesia** オラン インドネスィア	タイ Thailand/Thai	**Thailand /** タイランド / **Orang Thaiand** オラン タイランド	ブルネイ Brunei/ Bruneian	**Brunei /** ブルネイ / **Orang Brunei** オラン ブルネイ
オーストラリア Australia/ Australian	**Australia /** アウストラリ / **Orang Australia** オラン アウストラリア	中国 China/Chinese	**China /** チナ / **Orang Cina** オラン チナ	ベトナム Vietnam/ Vietnamese	**Vietnam /** ヴィエトナム / **Orang Vietnam** オラン ヴィエトナム

おはよう	Selamat pagi. スラマッ　パギ
こんにちは （お昼〜14時ごろ）	Selamat tengah hari. スラマッ　トゥンガ　ハリ
こんにちは （14時ごろ〜日没）	Selamat petang. スラマッ　プタン
こんばんは	Selamat malam. スラマッ　マラム
ごきげんいかが	Apa khabar? アパ　カバル
さようなら	Jumpa lagi. ジュンパ　ラギ
では、また明日	Jumpa esok. ジュンパ　エソッ
では、また （後ほど）	Jumpa nanti. ジュンパ　ナンティ
はい／いいえ	Ya. / Tak. ヤ／タッ
ありがとう	Terima kasih. トゥリマ　カスィ
どういたしまして	Sama-sama. サマサマ
いいえ、結構です	Tak apa, terima kasih. タッ　アパ　トゥリマ　カスィ
本当に ごめんなさい	Maafkan saya. マアフカン　サヤ
大丈夫です	Tak apa. タッ　アパ
はじめまして	Selamat berkenalan. スラマッ　ブルクナラン

私の名前は 〜です	Nama saya ~. ナマ　サヤ
お目にかかれて うれしいです	Saya amat gembira bertemu encik / cik. サヤ　アマッ　ゲンビラ　ブルトゥム　ウンチッ／チッ
〜していただけ ますか	Tolong ~. トロン
〜はどこですか	Di mana ~? ディ　マナ
〜はいつですか	Bila ~? ビラ
〔時間〕どのくらい かかりますか	Berapa lama? ブラパ　ラマ
それは いくらですか	Berapa harganya? ブラパ　ハルガニャ
もっとゆっくり 言って下さい	Tolong cakap perlahan sikit. トロン　チャカプ　プルラハン　スィキッ
道に迷って しまいました	Saya sesat. サヤ　スサッ
緊急です!	Ini kecemasan! イニ　クチュマサン
助けて!	Tolong! トロン
やめて!	Jangan! ジャンガン
泥棒!	Pencuri! プンチュリ
出ていけ!	Berambus! ブランブス
警察を呼んで 下さい	Tolong panggil polis. トロン　パンギル　ポリス

159

ひとり歩きの会話集 ㉙

マレーシア語

初 版 印 刷	**2020年6月15日**	
初 版 発 行	**2020年7月1日**	
編 集 人	**田中美穂**	
発 行 人	**今井敏行**	
発 行 所	**JTBパブリッシング**	
印 刷 所	**佐川印刷**	

●企画／編集
JTBパブリッシング　海外情報事業部
●編集協力
イデア・インスティテュート、ウオーク
マレーシア政府観光局、ランズ、飯田淳子
●表紙／本文デザイン
ローグ クリエイティブ（馬場貴裕、小室正彦）、アイル企画
●翻訳／組版
イデア・インスティテュート
●イラスト
ローグ クリエイティブ　高橋加菜子（表紙）
木内麗子（イラスト基本会話、イラスト早わかり）
宮内祐香（本文）
ローグ クリエイティブ（図解）
●地図製作
ジェイ・マップ

●JTBパブリッシング
〒162-8446　東京都新宿区払方町25-5
編集: ☎03-6888-7878
販売: ☎03-6888-7893
広告: ☎03-6888-7833
https://jtbpublishing.co.jp/
●旅とおでかけ旬情報
https://rurubu.co.jp/and more